英語は決まり文句が8割
今日から役立つ「定型表現」学習法

中田達也

JN053174

講談社現代新書
2672

はじめに ——英語は「決まり文句」が8割?

「定型表現」とは何か——文法と単語のはざま

　「英語学習」と聞くと、何をイメージしますか？　多くの方が英単語と文法の学習を思い浮かべるのではないでしょうか。

　スマートフォン（スマホ）が普及した現在でも、電車の中で英単語帳や文法書を広げている学習者を見ることは珍しくありません。大学受験のために多くの英単語を覚えたり、「仮定法過去完了」や「分詞構文」などの文法事項と格闘した苦い記憶をお持ちの方も多いでしょう。英会話スクールでは会話が重視されるイメージがありますが、実際には単語や文法を口頭で練習しているだけというケースも珍しくないようです。

　英語を身につける上で、文法と単語の知識が重要なのは言うまでもありません。文法とは複数のスロット（穴）が開いた文の骨組みであり、そのスロットに様々な単語を入れて肉付けすることで、無限に文を生成できます。

　例えば、第2文型（SVC）は、主語に I / we / he、補語に happy / sad / hungry などの単語を入れることで、

主語　S	動詞　V	補語　C
I	am	happy.
We	are	sad.
He	is	hungry.

3

など、無数の文を生み出せます。

　「文法と単語を組み合わせることで、様々な文を生み出せる」という主張は間違ってはいませんが、実際の話し言葉や書き言葉では、文法ルールに則って一から文を組み立てるのではなく、2語以上のまとまりで特定の意味を持つ「定型表現 (formulaic sequences)」をつなぎ合わせることが多いと指摘されています。[1]

見過ごされてきた定型表現

　例えば、ある人の年齢をききたい時に、どのような表現を使えば良いでしょうか？　文法的には、以下のいずれも可能です。

---

(1) How old are you?
　（あなたは何歳ですか？）

(2) How long ago were you born?
　（どれくらい前にあなたは生まれましたか？）

(3) How many years ago were you born?
　（何年前にあなたは生まれましたか？）

(4) How many years is it since you were born?
　（あなたが生まれてから何年経っていますか？）

(5) How much time has elapsed since the moment of your birth?
　（あなたの誕生の瞬間からどれくらいの時が過ぎたので

1：定型表現は formulaic sequences 以外にも、multi-word expressions, multi-word units, multi-word items, phrases, chunks など、様々な呼び名があります。なお、formulaic sequences は 2 語以上からなるフレーズを指しますが、formulaic language には Hello（やあ）や Yeah（はい）といった 1 語の決まり文句も含まれます。

『メンタル・コーパス―母語話者の頭の中には何があるのか』くろしお出版（pp. 163-164）より

　(1)～(5)の文はいずれも文法的に正しく、意味内容も同じです。そのため、「英語話者は文法と単語を自由に組み合わせて、様々な文を生み出している」という考えが正しいのであれば、いずれの文章も広く使われているはずです。しかし、実際に使用されるのは(1)のみで、(2)～(5)の文を耳にすることはありません。なぜ、自然なのは(1)のみで、それ以外は決して使われないのでしょうか？

　それは、英語の母語話者は、文法ルールを基に単語を1つ1つ並べて新規の文を生み出すのではなく、How old are you?（何歳ですか？）、The point is that ...（要するに～だ）、It's such a shame that ...（～とはとても残念です）、Just because X does not mean Y.（XだからといってYとは限らない）などの定型表現をつなげたり、一部を入れ替えたりして、文を構築することが多いからです。

　伝統的には、言語の根幹をなすのは文法と単語であり、定型表現は言語使用のごく一部を占めるにすぎないと考えられてきました。英語教育論争においても、「文法は教えた方が良いのか」「単語はどう教えるべきか」などが話題になることはありますが、「定型表現はどう教えるべきか」が論じられることはほとんどありません。

以前、中学校の英語教科書で、

客	: Two hamburgers and two colas, please.
	（ハンバーガー2つとコーラ2つ、お願いします）
店員	: Large or small?（大ですか、小ですか？）
客	: Large, please.（大でお願いします）
店員	: For here or to go?（店内で召し上がりますか？　そ
	れとも、お持ち帰りですか？）
客	: For here.（店内です）
店員	: Here you are.（どうぞ）

『NEW HORIZON』（東京書籍）より

といったファストフード店の会話が掲載され、物議を
かもしたことがあります。Large or small? Large,
please. For here or to go?は、いずれも一般的な定型
表現ですが、主語や動詞がない不完全な文です。その
ため、「中学校の教科書に主語や動詞がない文を掲載
するとは何事か」といった批判が巻き起こりました。
文法こそが言語の根幹であり、定型表現は取るに足ら
ないものであるという考えを端的に表していると言え
るでしょう（もちろん、定型表現の中にも有益なものとそう
でないものがあります。ファストフードの注文に必要な定型表
現を中学生に教えることが適切であるかどうかは意見が分かれ
るところでしょう）。

ほとんど研究されてこなかった…

　定型表現は、実践（＝英語教育）においてだけでな
く、理論（＝言語学）においても軽視されてきました。

言語には規則的な部分と規則から逸脱した部分があります が、言語学者の多くは、規則的な部分に関心を持ってきました。例えば、文法や音声にまつわる事象を分析し、そこから一定の体系（ルール）を導き出すことに多くの労力がそそがれてきました。

定型表現の中には規則から逸脱したものが多くあります。例えば、by and large は「全体的に」という意味ですが、前置詞 by と形容詞 large という異なる品詞の２つの単語が接続詞 and によって結びつけられているため、一般的な英文法のルールからは逸脱しています[2]。同様に、at large は「逃走中の、全体として」という意味の定型表現ですが、前置詞 at の後に形容詞 large が来ているため、文法的な成り立ちを説明するのは困難です[3]。さらに、I could care less. は「いっこうに平気だ、まったくかまわない」という意味のインフォーマルな表現ですが、I couldn't care less. と否定文にしても、同じ意味を表します[4]。すなわち、否定文にすると反対の意味になるという一般的なルールが適用されません[5]。

2：Hilpert, M. (2019). *Construction Grammar and Its Application to English (2nd ed.)*. Edinburgh University Press.

3：英語の歴史を紐解くと、by and large や at large の成り立ちに関する謎が解明できることもあります。詳しくは、堀田隆一氏（慶応義塾大学）による以下の解説をご参照ください。
http://user.keio.ac.jp/~rhotta/hellog/2016-11-27-1.html
https://voicy.jp/channel/1950/273054

4：Wray, A. (2002). *Formulaic Language and the Lexicon*. Cambridge University Press.

また、kick the bucket は直訳すると「バケツを蹴る」ですが、「死ぬ」という意味の定型表現です。この定型表現は、Jon Snow kicked the bucket in Season 5.（ジョン・スノウはシーズン5で死んだ）のように能動態でしか用いることができません（ジョン・スノウは『ゲーム・オブ・スローンズ』という小説およびテレビドラマの登場人物です）。The bucket was kicked by Jon Snow in Season 5. と受け身にすると、「ジョンが死んだ」という比喩的な意味は失われ、「シーズン5でジョン・スノウによってバケツが蹴られた」という文字通りの意味になってしまいます[6]。同様に、shoot the breeze は「おしゃべりをする」という意味のイディオムですが、*The breeze was shot by Jack and Daniel. と受け身にはできません[7]。さらに、beat around the bush は「遠回しに言う」という意味ですが、*beat around the bushes と複数形にしたり、*The bush was beaten around. と受け身にすることはありません[8]。

　このように、定型表現の多くは恣意的な制約を持っており、規則で説明できない現象が多くあります。そ

5：文法的には、I couldn't care less. が正しく、I could care less. は誤用であると考えられます。I could care less. がなぜ容認されるかについては諸説ありますが、その理由はよくわかっていないようです。
北村一真. (2021).『英語の読み方』中央公論新社.
6：石田プリシラ. (2015).『言語学から見た日本語と英語の慣用句』開拓社.
7：＊（アスタリスク）はそのフレーズや文章が正しくないことを意味します。
8：Wood, D. (2020). Categorizing and Identifying Formulaic Language. In S. Webb (Ed.), *The Routledge Handbook of Vocabulary Studies* (pp. 30–45). Routledge.

のため、規則性の探究を目指す言語学の主流の立場とは相いれず、定型表現が研究対象となることはほとんどありませんでした。

母語話者の言葉の多くが実は定型表現

　文法と単語のどちらにも属さない定型表現は、雑多なものとして切り捨てられ、英語教育（＝実践）においても、言語学（＝理論）においても、長らく軽視されてきました。

　しかし、技術が進歩し、大量のテキストをコンピュータで分析できるようになると、書き言葉・話し言葉の多くが、実は定型表現で構成されていることが明らかになってきました。母語話者の書いたり話したりした言葉のうち、5〜8割程度が定型表現で構成されているという推計もあります。[9]スマホの予測変換を使って文章を書いていると、予想外に適切な表現が提案されるので驚いてしまうことがあります。我々の用いる言葉の多くは定型表現で構成されるため、産出された語句の後にどのような語が続くかを高い精度で予測できるのです。

9：Altenberg, B. (1998). On the Phraseology of Spoken English: The Evidence of Recurrent Word-Combinations. In A. P. Cowie (Ed.), *Phraseology: Theory, Analysis, and Applications* (pp. 101-122). Oxford University Press.
Erman, B., & Warren, B. (2000). The Idiom Principle and The Open Choice Principle. *Text, 20*, 29-62.

定型表現を学習する「8つの利点」

　定型表現を使うことには多くの利点があります。英語学習者である我々も、定型表現を使うことで多くのメリットを享受できます。詳しくは第1章で触れますが、以下のような8つの利点が指摘されています。

（1）言語使用の正確性が上がる
定型表現の知識があると、自分の言いたいことを相手に正確に伝え、さらに相手のメッセージを正確に理解できるようになります。

（2）言語使用の流暢性（＝スピード）が上がる
定型表現をつなぎ合わせることは、文を一から構築するよりも脳に負担がかかりません。そのため、文章を淀みなく流暢に生み出したり、理解したりできるようになります。

（3）言語を使って様々な機能を遂行できるようになる
定型表現の中には、「依頼する」「依頼を断る」「助言する」「感謝する」「謝罪する」など、特定の機能と結びついたものが多くあります。これらの定型表現を用いることで、効果的にメッセージを伝えたり、理解したりできます。

（4）状況にあった適切な言語を使用できるようになる
定型表現を使いこなすことで、話している相手や状況に応じた適切な言語使用が可能になります。結果的に、良好な人間関係の維持・構築が期待できます。

（5）すでに知っている単語への知識が深まる
定型表現を学ぶことで、すでに知っている単語に関するより正確な理解へと結びつきます。結果的に、新しい単語を学ばずとも、既存の単語を組み合わせるだけで、英語における理解力や表現力を高められます。定型表現の習得は、コスパ（コストパフォーマンス、費用対効果）が良い学習法です。

（6）未知の単語を覚えるきっかけとなる

新しい単語を単独で学ぶよりも、定型表現の中で学んだ方が、記憶に定着しやすいことが研究から示唆されています。つまり、定型表現を学ぶことで、すでに知っている単語を使いこなす能力が伸びるだけでなく、今まで出会ったことがない単語を覚えるきっかけにもなります。

（7）文法知識の習得が促進される

定型表現を覚えることには、単語の知識が増えるだけでなく、文法知識が増えるという利点もあります。例えば、give me a break（かんべんしてくれ、うそも休み休み言え）、give it some time（冷静に考える）、give it another try（もう一度やってみる）、drop 〜 a line（〜に一筆書き送る）など、第4文型（SVO_1O_2）をとる複数の定型表現に触れることで、第4文型という文法事項への知識が深まることが期待できます。

（8）ある共同体（コミュニティ）への帰属を示す

学術・ビジネス・法律・医療など、特定の分野で頻繁に用いられる定型表現があります。これらの定型表現を使いこなすことで、ある共同体の正統なメンバーであるというアイデンティティを示すことができます。結果的に、職業上のコミュニティにおいて英語を使って活躍することができ、社会的なコミュニティに溶け込んで円滑な人間関係を築けます。

定型表現がいよいよ「主役」へ

　定型表現が言語使用において重要な役割を果たすことが認識されるにつれて、定型表現に関する多くの研究が行われるようになっています。特に、2000年代以降にその傾向は顕著になり、定型表現に関するすぐれた研究書籍も多数出版されています。[10] 2022年に出版された語彙学習に関する専門書によれば、定型表現

に関する研究の約半数が過去10年間に行われているといいます[11]。長い不遇の時代が終わり、定型表現は脇役から主役へ躍り出たと指摘する研究者もいます[12]。近年ではphraseologyという分野でも定型表現に関する研究が盛んに行われています。phraseologyはその名の通り、フレーズ（phrase）に関する学問（logy）のことです。

　このように、学問（＝理論）においてはようやくその地位を確立した定型表現ですが、英語教育（＝実践）においては、その有用性が十分に浸透しているとは言い難いのが現実です。

本書を執筆した背景

　筆者は言語学、特に第二言語習得（second language acquisition）を専門としています。「第二言語習得」とは、母語以外の言語（外国語）の学習プロセス解明を目指す研究領域です。筆者は特に、外国語における語彙習得に関して多くの研究を行い、国際的な学術専門

10：定型表現の学習に関するすぐれた研究書籍としては、以下があります。
金澤佑（編）. (2020).『フォーミュラと外国語学習・教育 —定型表現研究入門』くろしお出版.
Siyanova-Chanturia, A. & Pellicer-Sánchez, A. (Eds.). (2018). *Understanding Formulaic Language: A Second Language Acquisition Perspective*. Routledge.
Wray, A. (2002). *Formulaic Language and the Lexicon*. Cambridge University Press.
11：Nation, I. S. P. (2022). *Learning Vocabulary in Another Language (3rd edition)*. Cambridge University Press.
12：Granger, S., & Meunier, F. (2008). *Phraseology: An Interdisciplinary Perspective*. John Benjamins.

誌（ジャーナル）や書籍に論文を多数発表しています。勤務先の大学では、第二言語習得や英語教育に関する講義やゼミを担当し、大学院でも第二言語習得に関する研究指導を行っています。

2019年には『英単語学習の科学』（研究社）、2022年には『英語学習の科学』（研究社）という書籍を出版し、第二言語習得の研究成果を英語学習に役立てていただけるように努めてきました。おかげさまで両書籍は研究者のみならず、多くの英語教師や英語学習者にも手にとっていただきました。

一方で、心残りだったこともあります。それは、2冊の書籍いずれにおいても、定型表現の重要性やその学習法について、十分に論じられなかったことです。1冊目の『英単語学習の科学』は、タイトルにある通り「英単語」の学習をメインに扱ったものであり、定型表現についてはごく簡単に触れることしかできませんでした。2冊目の『英語学習の科学』では、スピーキングやライティングの章で定型表現の重要性については言及しているものの、その学習法についてはやはり詳しくご紹介できませんでした。

定型表現に関する近年の研究からめざましい成果が生まれていることを考えると、定型表現の役割・分類・学習法をわかりやすく解説した書籍が必要であるという思いは日増しに強くなっていきました。その思いを形にすべく、本書を執筆しました。

本書の構成

　第１章では、英語学習において定型表現の知識がなぜ重要なのか──さきほど触れた８つの利点について、これまでの研究を基に掘り下げます。

　第２章は、定型表現の奥深い世界について。一口に「定型表現」といっても、イディオム・コロケーション・句動詞など様々な種類があり、特徴も大きく異なります。英語にはどのような定型表現があるかを理解することで、定型表現を効率的に学習できます。

　第３章では、定型表現を効果的に身につけ、４技能（聞く・読む・話す・書く）を伸ばす学習法を紹介します。具体的には、多読や多聴を通して定型表現を自然に習得したり、コーパス（corpus; 体系的に収集された電子テキスト）をはじめとするオンライン上のツールを使いこなす方法など、多くの心強い武器を授けます。

　「英文法と単語を頑張って勉強してきたのに、英語が思うように使いこなせない」と悩んでいる方は、本書を通して定型表現への理解を深めることで、英語力を飛躍的に高めるきっかけが得られるでしょう。興味深い定型表現の世界へと、本書とともに旅立ちましょう。

目次

第1章　定型表現が重要な理由

「はじめに」で述べた通り、母語話者の書いたり話したりした言葉のうち、5〜8割程度が定型表現で構成されているという推計があります。母語話者はなぜこんなにも多くの定型表現を使うのでしょうか？

それは、定型表現を使うことには多くの利点があるからです。英語学習者である我々も、定型表現を使うことで多くのメリットを享受できます。本章では、定型表現を使うことの8つの利点を紹介します。

利点1：言語使用の正確性が上がる

定型表現を用いる1つ目の利点は、言語使用の正確性が高まることです。

例えば、以下の表現を英語にしてください。

---

(1)私の上司は私のことをいつもフォローしてくれます。

(2)今晩、遊びに出かけようよ。

(3)私の母は切手を収集するのが好きです。

(4)劇場内では携帯電話はマナーモードに設定するか、電源をお切りください。

(5)昨晩あなたの夢を見ました。

(6)電車がとても寒かったので、自分の息が白かった。

(7)（相手の言うことが信じられず）うそでしょ？

【解答】

> (1) 私の上司は私のことをいつもフォローしてくれます。

　My boss always looks out for me. が自然です。日本語の「フォローする」に対応する英語表現は、look out for（〜に気をつける、〜の世話をする、〜を守る）です。日本語につられて My boss always <u>follows</u> me. と言うと、「私の上司はいつも私の後をつけてきます」というストーカーまがいの意味になりますので、注意しましょう（『日本人のエイゴ言い間違い！』アルク）。

> (2) 今晩、遊びに出かけようよ。

　Let's go out this evening. が自然です。「遊ぶ=play」と覚えている方が多いかもしれませんが、play は「子どもがおもちゃやゲームなどで遊ぶ」ことを指すことが多く、大人の場合は go out や hang out が適切です（『日本人の９割が間違える英語表現100』筑摩書房）。

> (3) 私の母は切手を収集するのが好きです。

　My mother is fond of collecting stamps. My mother likes to collect stamps. My mother likes collecting stamps. などが自然です。「集める」に対応する英単語には、collect の他に gather があります。しかし、gather は一ヵ所に寄せ集めるイメージで、「趣味とし

て計画的に収集する」という場合は、gatherではなく collectを使います。

---

(4) 劇場内では携帯電話はマナーモードに設定するか、電源をお切りください。

　While you are in the theater, please set your mobile phone to silent mode, or switch [turn] off your device. が自然です。日本語では「マナーモード」と言いますが、これは和製英語であり、英語では silent mode と言うことに注意しましょう。

---

(5) 昨晩あなたの夢を見ました。

　I had a dream about you last night. または I dreamed about you last night. が適切です。日本語の「夢を見る」を直訳すると *see a dream となりますが、正しくは have a dream です（『日本人の9割が間違える英語表現100』筑摩書房）。

---

(6) 電車がとても寒かったので、自分の息が白かった。

　The train was so cold that I could see my own breath. が自然です。日本語では「息が白い」と言いますが、英語では see one's own breath、つまり「自身の息が見える」と表現します。

(7)（相手の言うことが信じられず）うそでしょ？

Are you sure [serious]? You must be joking. I don't believe you. No kidding! などが適切です。「うそ =lie」「うそつき =liar」という連想から、You must be lying. や You're a liar. と言いたくなるかもしれません。しかし、日本語の「うそ」「うそつき」と違い、lie や liar は強い非難・軽蔑の感情を含みます。そのため、「うそでしょ？」という軽い気持ちで You're a liar. と言うと、相手の人格を否定したり、ケンカを売っていると誤解されるおそれがあります。

多くの定型表現を知る人は、スピーキング力も高い

(1)〜(7)に共通するのは、いずれも定型表現の知識が不可欠なことです。(1)では look out for、(2)では go out や hang out、(3)では collect stamps、(4)では silent mode や switch [turn] off、(5)では have a dream、(6)では see one's own breath、(7)では Are you sure[serious]? や You must be joking などの定型表現の知識がないと、意味内容を正確に伝えるのは困難です。これらの定型表現を知らずに、gather stamps, play, manner mode, You're a liar. など自己流の表現を使っていると、意味がうまく伝わらなかったり、思わぬ誤解につながってしまったりします。

　英語における語彙力とスピーキング力の関係を調べた研究では、個別の単語に関する知識よりも、定型表

現に関する知識の方がスピーキング力との関係が強いことも示唆されています。[13] つまり、たくさんの単語を知っている学習者よりも、たくさんの定型表現を知っている学習者の方が、スピーキング力が高い傾向にあったということです。英語で発信する際には、単語はもちろん、定型表現に関する知識も欠かせません。

インプットにも役立つ！

定型表現に関する知識は、英語を話したり書いたり（＝アウトプット）する時だけではなく、読んだり聞いたり（＝インプット）する際にも役立ちます。例えば、以下の英文の意味を考えてください。

---

(1) It's good to be reminded that Frank always seems to have a few tricks up his sleeve.

(2) The young woman was trying to come to terms with her husband's untimely death.

(3) A : I can't believe you said my cooking was awful.

　　B : Chill out, I was only pulling your leg.

(4) Honesty pays in the long run.

(5) Around 1.5 million people are working under the table in Romania.

(6) A : We can't do this. I-I didn't want you to kiss me.

　　B : I know. I know. It was out of line. I got carried away.

(7) Student: Could you sign this document for me, please?

13：Saito, K. (2020). Multi- or Single-Word Units? The Role of Collocation Use in Comprehensible and Contextually Appropriate Second Language Speech. *Language Learning*, 70, 548–588.

Clerk: Come again?

Student: Why should I come again? I am here now.

【解答】

(1) It's good to be reminded that Frank always seems to have a few tricks up his sleeve.

　「フランクはいつも、いくつかの奥の手を隠し持っていることを覚えておくと良い」という意味です。sleeve は「（衣服の）袖」という意味ですが、have ... up one's sleeve で、「〜を密かに用意している、奥の手として〜がある」という意味になります。マジックの仕掛けを袖に仕込んでいる手品師をイメージすると良いでしょう。

(2) The young woman was trying to come to terms with her husband's untimely death.

　「その若い女性は夫の早すぎる死を受け入れようとしていた」という意味です。come to terms with は、「〜と折り合いをつける」という意味の定型表現です。

(3) A : I can't believe you said my cooking was awful.
　　B : Chill out, I was only pulling your leg.

『英語イディオム語源辞典 語源とイラストでスラスラ覚える』（講談社）p. 135 より

「A：私が料理下手なんてひどい」「B：怒らないで
よ。からかっていただけだよ」が正解です。pull A's
legは直訳すると「〜の足を引っ張る」ですが、「（冗
談を言って）〜をからかう」という意味の定型表現で
す。なお、日本語の「足を引っ張る」には「邪魔をす
る」という比喩的な意味もありますが、pull A's legに
そのような意味はありません。また、chill outは「落
ち着く、冷静になる」という意味の定型表現です。

---

(4) Honesty pays in the long run.

　「正直にしていることが結局は得だ」という意味で
す。payは「支払う」という意味が一般的ですが、
「もうかる、ためになる、損にならない」という意味
もあります。honesty paysで「正直にしていて損はな
い」という意味です。また、in the long runは「結局
は」という意味の定型表現です。『試験にでる英単
語』（青春出版社）によると、この英文を「オネスティ
氏が、ずっと走って行って、支払ってくれました」と
訳した学習者がいたそうです。honesty pays, in the
long runという定型表現を知っていれば、このような
間違いをすることはなかったでしょう。

---

(5) Around 1.5 million people are working under the table in
Romania.
（https://business-review.eu/business-review-supplements-guides/）

「ルーマニアでは約150万人が違法に働いている」という意味です。under the table は直訳すると「テーブルの下で」という意味ですが、「違法に、こっそりと」という比喩的な意味も持つ定型表現です。ちなみに、Google翻訳でこの文章を和訳すると、「ルーマニアでは約150万人がテーブルの下で働いています」と出力されました。昨今の機械翻訳の発展はめざましいものがありますが、うまく翻訳できない定型表現もまだあるようです。

---

(6) A : We can't do this. I-I didn't want you to kiss me.
    B : I know. I know. It was out of line. I got carried away.
    (https://www.inkslingerpr.com/2015/05/21/the-magnolia-affair-by-t-a-foster/)

『The Magnolia Affair』という小説の抜粋です。思わずキスをしてしまった男性に対して、女性が「だめよ。キスして欲しくなかった」と言い、男性が「わかってる。わかってる。悪かった。つい我を忘れてしまって」と言っている場面です。out of line は「列を乱して」が文字通りの意味ですが、「節度をわきまえない、失礼な、並外れた」という意味も持つ定型表現です。また、carry away は「〜を運び去る」という文字通りの意味に加えて、「我を忘れさせる、夢中にする」といった比喩的な意味もあります（比喩的な意味では、Let's not get carried away. や I just got carried away. など、受け身で使うのが普通です）。

> (7) Student: Could you sign this document for me, please?
>
> Clerk: Come again?
>
> Student: Why should I come again? I am here now.[14]

　留学生と大学職員の会話です。留学生が「この書類にサインしてもらえますか？」と依頼し、職員がCome again?と答えています。Come again?は相手の言うことが聞き取れない際に、「何ですって？」「もう一度言ってくれますか」という意味で使う定型表現です（相手の言うことが信じられない際に、「うそだろう」という意味で使うこともあります）。この定型表現を知らなかった留学生はこれを文字通りに解釈し、「また今度来てください」という意味だと勘違いしてしまったようです。そのため、「どうして出直さないといけないんですか？　今ここにいますよ」と返答しています。

　(1) はhave ... up one's sleeve、(2) はcome to terms with、(3) はchill outやpull A's leg、(4) はhonesty paysやin the long run、(5) はunder the table、(6) はout of lineやget carried away、(7)はCome again?などの定型表現を知らないと、正確な理解は困難です。英語を話したり書いたりする時だけではなく、読んだり聞いたりする際にも、定型表現の知識は不可欠です。

14：Kecskes, I. (2018). Formulaic language and its place in intercultural pragmatics. In A. Siyanova-Chanturia & A. Pellicer-Sánchez (Eds.), *Understanding Formulaic Language: A Second Language Acquisition Perspective* (pp. 132–149). Routledge.

定型表現を知ることで言語使用の正確性が高まると
いうことは、大学入試やTOEICなどのテストで高得
点をとる上でも、定型表現の知識が不可欠ということ
でもあります。多くの定型表現を身につけることで、
英語の運用力はもちろん、英語試験のスコアを高める
きっかけも得られるでしょう。

英語学習書が示す定型表現の重要性

　定型表現の重要性は、近年ベストセラーとなってい
る英語学習書からもうかがえます。2019年以降、倉
林秀男氏・河田英介氏の『ヘミングウェイで学ぶ英文
法』（アスク）や、北村一真氏の『英文解体新書』（研究
社）シリーズなど、英文解釈に関する書籍が大きな話
題となっています。これらの書籍は、文法学習を通し
て英文を正確に読解することを目指したものであり、
文法と読解を前面に押し出した書籍と一般的には認識
されています（『英語が出来ません』KADOKAWA）。しか
し、これらの書籍では、文法事項だけでなく、多くの
定型表現も紹介されています。

　例えば、『ヘミングウェイで学ぶ英文法』ではkeep
from ...ing（〜するのをやめる）、commence to do（〜し始
める）、put on（〜を着る）、get dressed（着替える）、
think about（〜について考える）、『英文解体新書』では
be likely to do（〜しがちである）、as expected（予想通
り）、there is no question of ...（〜ということはありえな
い）、emerge as ...（〜として頭角を現す）、in the shadow

of ...（〜の影響の中で、〜を背負って）など多数の定型表現が解説されています。文法と読解をメインに据えた（と一般的には考えられている）書籍で多くの定型表現が解説されていることは、言語学習における定型表現の重要性を示唆しています[15]。

利点２：言語使用の流暢性が上がる

　定型表現を用いる２つ目の利点は、言語使用の流暢性（fluency）が高まることです。「流暢性」とは、どのくらいのスピードで英語を理解したり、産出したりできるかを指します。伝統的な英語教育においては、正確さが重視される一方で、流暢さには十分な注意が向けられていないようです。しかし、英語を使いこなす上では、流暢さも欠かせません。例えば、英語圏に旅行し、植物園行きのバスを待っていたとします。そこに、Botanical Garden と行き先が書かれたバスがやってきました。「ええと、botanical garden はどういう意味だったかな？　botanical は botanist に関係がある単語だ。botanist はどういう意味だっけ？　たしか『ボタニスト』とかいうシャンプーがあったな。あれは植物由来のシャンプーだったはず。だから、botanist は植物学者か。ということは、botanical garden は植物の庭、つまり植物園かな？　あ、ならあのバスに乗ら

15：『英文解体新書』の著者である北村一真氏による『英語の読み方』（中央公論新社）では、熟語・イディオムを含む語彙力が読解力育成に欠かせないことが第１章で明記されています。

ないと」とのんびり考えていては、その間にバスは通過してしまうでしょう。botanical garden という定型表現を見て、瞬時に意味がわからないと、いざという時に役立ちません。

脳に負担をかけない英語術

　流暢に英語を使用する能力は、4技能（聞く・読む・話す・書く）のいずれにおいても重要です。母語話者は1分間に125〜200語程度のペースで英語を話すと言われていますので[16]、耳に入ってきた単語を瞬時に認識できないと、ニュースや映画についていけません。スピーキングでも、I...was...wondering...if...you...could...possibly...have...a...look...at...a...paper...I...wrote.（「私の…書いた…論文に…目を…通して…いただけ…ません…でしょう…か？」）などとゆっくり話していたのでは、円滑なコミュニケーションは難しいでしょう。リーディングやライティングは自分のペースで行えますが、1通のEメールを読んだり書いたりするのに何時間もかかっていては、仕事になりません。

　定型表現の知識は、言語使用の流暢性を高める上でも不可欠です。定型表現をつなぎ合わせることは、文を一から構築するよりも脳に負担がかからないため、正しい文章を淀みなく流暢に生み出すことにつながるからです。スポーツの実況アナウンサーやオークションの競売人は、定型表現を使用する割合が特に高いこ

16：青谷正妥. (2012).『英語学習論－スピーキングと総合力－』朝倉書店.

とを示した面白い研究もあります[17]。スポーツを実況する上では、試合の進行に合わせて正確な情報を即座に伝える必要があります。そのため、文法ルールに則って一から文を構築していては、試合の進行に追いつかないのでしょう。競馬のように進行が速い競技ほど定型表現の使用率が高く、クリケットのように進行が遅いスポーツ（1試合終わるまでに数日かかることもあります）では定型表現の使用率はそれほど高くないという傾向も示されています。さらに、クリケットのようなスポーツでも、選手が走っている時など、進行が速い場面に限っては定型表現の使用率が高くなると言います。

テレビゲームが好きな方は、「実況パワフルプロ野球」（コナミ）というゲームをご存知かもしれません（ちなみに、英語ではa video gameが一般的な表現で、a TV gameとは通常言いません）。このゲームでは、試合の進行に合わせて、「4球目、投げました。打った！　ライト正面。捕りました。スリーアウト、チェンジです」など、アナウンサーが実況をしてくれます（「プロ野球スピリッツ」というゲームでは、テレビの野球中継さながらに、解説者までいます）。もちろん、事前に収録された音声をコンピュータがつなぎ合わせて再生しているだけですが、目を閉じると本物の野球中継を聞いているようで、違和感がありません。「スポーツ実況では定型表現の使用割合が特に高い」という特性があるから

17：Kuiper, K. (1996). *Smooth Talkers: The Linguistic Performance of Auctioneers and Sportscasters*. Erlbaum.

こそ成立しているゲームと言えるでしょう（時には、「この回のカーブ打線、たった3球でツーアウトです」「積極的に行くのは悪いことではないんですが、相手ピッチャーを楽にしてしまってますよね」などと、あまりに的確な解説をされて、イラッとしてしまうこともありますが）。

素早く内容が理解できる理由

定型表現は、アウトプット（＝スピーキングとライティング）だけでなく、インプット（リスニングとリーディング）においても、大いに役立ちます。[18] 定型表現の知識があると、一字一句に注意を払わなくても、素早く内容が理解できるからです。例えば、仕事に応募したとします。選考結果がメールで送られてきて、We regret to inform you that your application is no longer under consideration. と書いてあれば、初めの数語を読んだだけで、選考に落ちたことが理解できます。regret to inform you that ...（残念ながら〜です）は、落選や拒絶など伝えにくいニュースを知らせる時に使う定型表現だからです。一方で、We are pleased to inform you that ... という書き出しであれば、文の後半には注意を払わなくても、選考に受かったのだと推測できます。

定型表現の方が非定型表現よりも読解にかかる時間が短いことは、研究でも示されています。例えば、「新郎新婦」は英語ではbride and groomと言い、*groom

---

18：Boers, F., & Lindstromberg, S. (2009). *Optimizing a Lexical Approach to Instructed Second Language Acquisition*. Palgrave Macmillan.

and bride と順番を逆にすることは通常ありません。つまり、bride and groom は定型表現であり、*groom and bride は一般的ではない表現です。定型表現の処理速度を調べた研究では、

(A) John showed me pictures of the <u>bride and groom</u> both dressed in blue.
（ジョンはともに青い服を着た新婦と新郎の写真を私に見せてくれた）

(B) John showed me pictures of the <u>groom and bride</u> both dressed in blue.
（ジョンはともに青い服を着た新郎と新婦の写真を私に見せてくれた）

Siyanova-Chanturia, Conklin, & van Heuven (2011, p. 778) より [19]

という2つの文があった場合、(A)文の bride and groom の方が、(B)文の *groom and bride よりも読解にかかる時間が短いことがわかっています。bride and groom は頻度が高い定型表現であるため、「bride and ＿＿＿ときたら、次は groom が来るだろう」と母語話者は無意識のうちに予想し、groom は非常に速く処理されます（時には、完全に読み飛ばすこともあります）。一方で、groom and ＿＿＿と来ると、「次に来るのは his mother? brother? sister?」と様々な可能性があるため、一字一句に注意を払わねばなりません。また、「groom and

19：Siyanova-Chanturia, A., Conklin, K., & van Heuven, W. J. B. (2011). Seeing a phrase "time and again" matters: The role of phrasal frequency in the processing of multiword sequences. *Journal of Experimental Psychology: Learning, Memory, and Cognition, 37*, 776–784.

bride という聞き慣れない表現をなぜわざわざ使って
いるのか？」と戸惑うため、何度も読み返してしま
い、読解にさらに時間がかかります。日本語で「新郎
新婦」「損益」「白黒写真」ではなく、「新婦新郎」「益
損」「黒白写真」という見慣れない文字列を見ると戸
惑うことをイメージすると良いでしょう[20]。

最小の努力で最大の効果を

定型表現の方が速く処理されるという研究結果は、
イディオムでも得られています。例えば、

（A）It was hard not to spill the beans when I heard such a
juicy piece of gossip.
（あんなにきわどいうわさ話を聞いたので、それをうっ
かり漏らさないようにするのが大変だった）

（B）It was hard not to spill the chips when I stumbled on my
way out of the kitchen.
（台所から出るときにつまずいたので、フライドポテト
をこぼさないようにするのが大変だった）

Carrol & Conklin (2020, p. 102) より。chips はアメリカ英語では「ポテトチップ
ス」、イギリス英語では「フライドポテト」を指します。上の研究を行ったのは
イギリスを拠点とする研究者であるため、ここでは「フライドポテト」と訳し
ています[21]

という2つの文があった場合、（A）文の spill the beans

20：読解中の処理速度を測定する上では、「アイトラッカー」(eye-tracker)
と呼ばれる視線計測装置を使うのが一般的です。アイトラッカーを使
うと、読解中にある単語をどのくらい見たかをミリ秒（1秒間の1000分
の1）単位で測定できます。

21：Carrol, G., & Conklin, K. (2020). Is All Formulaic Language Created
Equal? Unpacking the Processing Advantage for Different Types of Formulaic
Sequences. *Language and Speech, 63*, 95–122.

の方が（B）文のspill the chipsよりも速く処理されます。（A）文のspill the beansは「豆をこぼす」が文字通りの意味ですが、「（うっかり）秘密を漏らす」という意味のイディオムです。一方で、（B）文のspill the chipsは「フライドポテトをこぼす」という意味で、定型表現ではありません。（A）文では、前後の文脈から「spill the beansというイディオムが使われているだろう」と予測できるため、一字一句を丁寧に読む必要はありません。そのため、（A）文のspill the beansの方が（B）文のspill the chipsよりも読解にかかる時間が短くなります。

　言い換えれば、定型表現を使うことで、少ない負担でメッセージを伝えたり、理解したりできるため、省エネになるわけです。定型表現がこれほど多く使用される背景には、「その方が楽だから」という極めて人間的で合理的な理由があるのでしょう。コミュニケーションに支障がない限り、できるだけ努力を最小化する傾向は、「最小努力の原理」（principle of least effort）と呼ばれます。[22]

　定型表現に一切頼らず英語を使おうとするのは、レンガを1個1個積み上げて家を建てるようなものです。時間や労力がかかりますし（＝流暢性が低い）、1個置き間違えると土台がゆらぎ、大事故につながる（＝誤解が生じる）可能性もあります。一方で、定型表

22：Boers, F., & Lindstromberg, S. (2009). *Optimizing a Lexical Approach to Instructed Second Language Acquisition*. Palgrave Macmillan.

現を活用することは、すでに加工済みの部材を組み合わせて家を建てることに似ています。レンガを1個1個積み上げるのと比較して時間や労力がかからず（＝流暢性が高い）、工数も少ないので、その分事故の可能性も低い（＝正確性が高い）のです。

　言い換えれば、定型表現を活用することは、建築材料の8割以上を工場で仕上げ、建築現場ではそれを組み立てるだけという某ハウスメーカーのプレハブ工法のようなものかもしれません。ちなみに、定型表現（あるいはその一種）のことを、prefabs（プレハブ）と呼ぶ研究者もいます。

利点3：言語を使って様々な機能を遂行できる　　　　　ようになる

　定型表現を用いる3つ目の利点は、言語を使って様々な機能を遂行できることです。定型表現の中には、特定の機能と深く結びついたものが多くあります。具体例を以下に示します。

話題の提示・導入
例）let me begin by ...（まず〜から始めます）、to begin with（まず）、in the beginning（はじめに）、first of all（まずはじめに）、You know what?（ねえ、聞いて）、Guess what（あのね、実はね）

例を示す
例）for example（例えば）、for instance（例えば）、such as ...（〜など）、in particular（特に）

対比を示す
例）in contrast（一方で）、on the contrary（それどころか）、in the meantime（話変わって）

追加を表す
例）in addition（さらに）、more importantly（より重要なことに）、what is more（さらに）、on top of ...（〜に加えて）

要約・結論を表す
例）in conclusion（結論として）、What I'm getting at is that ...（何が言いたいかと言うと）、The point is that ...（要は〜だ）

帰結・結果を表す
例）as a result（結果的に）、as a consequence（結果として）

話題の転換・回避
例）this leads us to ...（これは〜につながります）、so much for ...（〜に関してはここまで）、Let's put aside ...（〜はおいておきましょう）、with [in] regards to ...（〜に関して）、speaking of ...（〜と言えば）、by the way（ところで）

言い換えを表す
例）to put it differently（言い換えると）、to be (more) precise（より正確には）、in other words（言い換えると）、that is to say（すなわち）

依頼する
例）Would you mind -ing ...?（〜していただけませんか）、Do you think you could possibly ...?（〜していただくことは可能でしょうか）、I was wondering if you could possibly ...（よろしければ〜していただけませんでしょうか）

依頼に応じる
例）I'd be happy / glad to ...（喜んで〜します）、of course（も

ちろん)、sure thing (もちろん)

誘いを断る

例) I wish I could, but ... (できれば良いのですが、実は〜)、I'd love [like] to, but ... (いいね、でも〜)、Thank you for asking, but ... (誘ってくれてありがとう。でも〜)

許可を求める

例) Do you mind if I ...? (〜しても良いでしょうか?)、Do you think I could ...? (〜しても良いでしょうか?)

申し出る

例) Would you like ...? (〜 はいかがですか?)、Would you like to ...? (〜なさりたいですか?)

助言する

例) If I were you, I'd ... (私なら〜するでしょう)、How about -ing ...? (〜してはどうですか?)、Why don't you ...? (〜してはどうですか?)、It might not be a bad idea to ... (〜するのも悪くないかもしれません)、It might be worth -ing ... (〜してみるのも良いかもしれません)

言いにくいことを伝える

例) No offense, but ... (気を悪くしないで欲しいんだけど)、with all due respect (失礼ながら、お言葉ですが)、Don't take it the wrong way (誤解しないで)、I apologize if I'm out of line (失礼にあたらなければ良いのですが、差し出がましいようでしたらすみません)、I'm sorry but ... (すみませんが〜です)、I'm afraid that ... (残念ながら〜です)、We regret to inform you that ... (残念ながら〜です)

意見を述べる

例) in my opinion (私の意見では)、in my view (私の考えでは)、to my mind (私の意見では)

反対意見を述べる
例) That's all very well, but ... (それはすべて良いですね。ただ〜)、I see what you mean, but I wonder if it wouldn't better to ... (おっしゃることはわかります。ただ、〜しても良いかもしれません)

理由を述べる
例) This is because ... (なぜかというと〜だからです)、One reason is that ... (1 つには〜だからです)

因果関係を述べる
例) That's why (というわけで〜だ)

同情する
例) It's a shame that ... (〜とは残念です)、I'm sorry to hear that ... (〜と聞いて残念です)、What a shame / pity / terrible thing (残念だ、お気の毒に)

感謝する
例) Thank you very much for ... (〜をどうもありがとうございます)、I am deeply grateful to you for ... (〜に関して深く感謝いたします)、I can never thank ... enough (〜には感謝しきれません)、How can I ever repay you? (どう恩返しをしていいかわかりません)

謝罪する
例) I'm sorry that ... (〜してごめんなさい)、I want to apologize for ... (〜について謝りたくて)、I'm sorry that I didn't ... (〜しなくてごめんなさい)、I sincerely apologize (心から謝罪します)

緩和する
例) or something like that (〜とか)、if that's okay with you (もしよろしければ)

目的を述べる
例）in order to（〜するために）、so that ...（〜できるように）

励ます
例）You're gonna be OK.（きっとうまくいくよ）、I'm sure you'll do great.（きっとうまくやれますよ）、I'm sure it'll work out.（きっとうまくいきますよ）

『オーレックス英和辞典』（旺文社）、『英語のソーシャルスキル』（大修館書店）、『英語の思考法』（筑摩書房）などを基に作成

効果的に伝わり、理解できる

　特定の機能と結びついた定型表現を用いることで、効果的にメッセージを伝えたり、理解したりできます。例えば、The point is that ... は、「要は…だ」「言いたいのは…だ」という意味の定型表現です。大事なことを述べる前にこの定型表現を使うことで、聞き手は「これから要点を言うのだな」と心の準備ができ、あなたの言うことに注意を向けてくれるでしょう。

　特定の機能と結びついた定型表現を知ることは、英語を発信するだけでなく、理解する際にも役立ちます。例えば、help oneself は「（飲食物などを）自由にとる」という意味の定型表現です。立食パーティーで Please help yourself. と言われたら、「どうぞご遠慮なく召し上がってください」という意味です。英語圏でホームステイした留学生が、ホストファミリーから Help yourself. と言われて困惑したというエピソードがあります。Help yourself. は直訳すると、「自分自身で助けなさい」という意味なので、「私たちは手伝わ

ないから、自分のことは自分でやりなさい」と突き放されていると勘違いしてしまったようです。

また、What a shame! は、「何てひどいことだ、全くかわいそうだ［残念だ］」という意味の定型表現です。例えば、What a shame it didn't work out. だと、「うまくいかなかったとは残念でしたね」という意味です。しかし、shame ＝「恥、恥さらし」という知識しかないと、「成功しなかったとは、とんだ恥さらしだ」と非難されていると勘違いしてしまうかもしれません。What a shame! という定型表現が同情を示すことを知っていれば、このような誤解は防げるでしょう。

さらに、Why don't you ...? は直訳すると「どうしてあなたは〜しないのですか？」ですが、「〜しませんか？」と誘う際に使われます。この定型表現を知らないと、Why don't you come with us?（私たちと一緒に来ませんか？）と誘ってくれているのに、「どうして我々と一緒に来ないんだ？」と非難されていると勘違いしてしまうかもしれません。Help yourself. What a shame! や Why don't you ...? の例からわかる通り、特定の機能と結びついた定型表現に関する知識は、英語を産出する際だけでなく、理解する際にも不可欠です。

一般的な意味から逸脱して使うことも可能

定型表現の中には特定の機能と結びついたものが多くありますが、一般的な機能から逸脱して使うことも可能です。例えば、「Excuse ＋ 人」は通常は Excuse me. や Excuse us. などの形で、「失礼します」「ごめんなさい」という意味で使われます。しかし、誰かに失礼なことをされた時は、Excuse you.（失礼だな！）と言って、相手を責めることもできます（ちなみに、『セサミストリート』に登場するキャラクターのエルモは、I, my, me などの一人称代名詞を使いません。そのため、Excuse me. の代わりに Excuse Elmo. と言います）。

　ただし、定型表現を通常とは異なる意味で用いること（守破離で言う「離」に該当します）は、相手に理解されなかったり、失礼な印象を与える危険性もあります。聞き手が非常に仲の良い人であったり、その定型表現をどのような場面で使うかを熟知していない限りは、避けた方が無難でしょう。

利点４：状況にあった適切な言語を使用できる
　　　　ようになる

　定型表現を用いる４つ目の利点は、状況にあった適切な言語を使用できることです。日本語には丁寧語・尊敬語・謙譲語という３種類の敬語があり、話している相手や状況によって適切な表現が異なります。例えば、お金を貸してほしいと依頼する時も、依頼する相手が親戚なのか、友人なのか、同僚なのかによって、全く異なる言葉遣いをするでしょう。

　英語には日本語のように明確な敬語のシステムはありませんが、だからといって誰に対しても同じ話し方をするわけではありません。例えば、親しい友人や家

族に時間を尋ねる際にはWhat time is it?（今何時？）とストレートな表現を用います。一方で、あまり面識のない相手には、Could you tell me what time it is?（今何時か教えていただけますか？）やDo you happen to know what time it is?（今何時かご存知ですか？）など、間接疑問文を使用した婉曲的な表現が好まれます（『英語のソーシャルスキル』大修館書店）。

　定型表現を使いこなすことで、話している相手や状況に応じた適切な言語使用が可能になります。例えば、相手に何かを依頼する際には、以下のような定型表現が使えます。

Will you ...?　　　　　　　　　Would you...?

Would you mind -ing ...?　　　Can you ...?

Could you ...?　　　　　　　　Do you think you could ...?

I don't suppose you could ...

Do you think you could possibly ...?

I don't suppose you could possibly ...

You couldn't (possibly) ..., could you?

I was wondering if you could ...

I was wondering if you could possibly ...

『英語のソーシャルスキル』大修館書店（p.90）より

　上に示した表現では、上のものほど直接的で、下に行くほどより丁寧になると言われています[23]。つまり、

23：Would you ...?の方がCan you ...?よりも丁寧とみなされることもあります。詳しくは、以下の書籍をご覧ください。
久野暲・高見健一. (2022).『謎解きの英文法 助動詞』くろしお出版.

親しい相手に簡単なことを依頼する際には上位の表現を使い、あまり親しくない相手に頼みにくいことを依頼する際には下位の表現を使うのが適切です。

「〜してほしいです」のリスク

　日本の若者の間では、何かを依頼する際に、「〜してほしいです」という表現を用いる人が近年増えているようです。例えば、筆者の授業を履修している学生から、「期末プレゼンの英語のチェックをしてほしいです」「GoogleフォームのURLを送ってほしいです」「前回の授業を欠席してしまいました。次回までの宿題があるなら教えてほしいです」などのメールが送られてきたことがあります。口頭で依頼する際にも、「〜してほしいです」と学生に言われたこともあります。

　「〜してほしい」という表現は自分の願望をストレートに表現しているため、目上の人に依頼する際には避けた方が良いと一般的には考えられています。非母語話者向けの日本語学習教材では、「〜してほしい」は依頼する際にも使用できるが、そのままでは直接的すぎるので、「すみません、ちょっと手伝ってほしいんですが」のように、「のですが／んですが」などをつけて使われることが多いとただし書きがついているものもあります[24]。しかし、近年は若者を中心にこの表現の容認度が高まっているようです。大学以外でも、

24：高梨信乃. (2020).「てほしい」はどのように用いられているか.『関西大学外国語学部紀要』23, 43–58.

職場で同僚に何かを依頼する際に、「～してほしいです」と言っているのを耳にしたこともあります。

　「～してほしいです」の例からもわかる通り、話し相手や状況に応じた適切な表現を用いないと、失礼な印象を与えたり、押しつけがましく聞こえてしまったりします。様々な場面にふさわしい定型表現を覚えることで、そのようなリスクを減らし、良好な人間関係を維持・構築できるでしょう。

利点5：すでに知っている単語への知識が深まる

　定型表現について知ることで、すでに知っている単語への知識が深まるという利点もあります。例えば、break a window（窓を割る）という文脈で、動詞breakに初めて出会った学習者がいたとします。この学習者は、「breakは目に見えるものを壊すという意味で、a window（窓）、a cup（茶碗）、a vase（花瓶）のように、具体名詞しか目的語にとらない」と間違った仮説を立ててしまうかもしれません。このような学習者は、break a world record（世界記録をやぶる）、break a promise（約束をやぶる）、break a person's heart（悲嘆にくれさせる、失恋させる）などの定型表現に接することで、breakに関するより深い知識を身につけられます。

　「英単語を学ぶ」というと、今まで遭遇したことがない、「新しい単語を学ぶこと」というイメージがあるかもしれません。しかし、すでに知っている単語に関する深い知識を身につけることも欠かせません。例

えば、Leave it to me.（私に任せて）、That's enough.（もうやめてくれますか）、Are you with us?（聞いていますか）、Pass me one more, please.（もう１つ回してください）などの定型表現は、いずれも中学校レベルの基本的な英単語から構成されています。[25] しかし、これらの定型表現を習得することで、英語における理解力や表現力を高められます。新しい単語を学ばずに、既存の単語だけを組み合わせて英語力を高められるという点で、定型表現の習得はコスパが良い学習法です。

定型表現を知ることは、単語自体を知ること

　単語によっては、「定型表現を知ること」が「その単語について知ること」とほぼイコールになる場合もあります。例えば、aspersionは「悪口、中傷」という意味の名詞ですが、cast aspersions on ...（〜を中傷する）のように、castとセットで用いることがほとんどです。また、dint, kith, spickは、それぞれby dint of（〜の力で）、kith and kin（知己と親類）、spick and span（真新しい）という定型表現で使われることが大半です。[26] 言い換えれば、cast aspersions on, by dint of, kith and kin, spick and spanなどの定型表現を知ることなしに、aspersion, dint, kith, spickという単語を知ることはできません。

25：村端五郎. (2020).『すらすら話せる英語プレハブ表現317』開拓社.
26：Stubbs, M. (2002). *Words and Phrases: Corpus Studies of Lexical Semantics.* Blackwell.

定型表現を知ることの重要性を示す名言に、You shall know a word by the company it keeps! があります[27]。これは、Men are known by the company they keep.（どのような人と交わるかによって、その人のことがわかる）という定型表現（格言）をもじったもので、「どのような単語と交わるかによって、その単語のことがわかる」という意味です。

　aspersion, dint, kith, spick は極端な例ですが、ある単語を含む定型表現について知ることは、その単語自体について知ることでもあります。例えば、round という語を知るためには、a round table（丸いテーブル、円卓）、a round trip（周遊旅行、往復旅行）、a round number（端数のない数）、round up（〜を集める、端数のない数に切り上げる）、round down（切り捨てる）、round off（四捨五入する）、a round dozen（ちょうど1ダース）、make ［go］one's rounds（巡回する）、a round sum（かなりの額）、a round of applause（ひとしきりの拍手）、a round of drinks（全員へいきわたる分の飲み物）など、round を含む定型表現に関する知識が不可欠です。

　定型表現を身につけることで、既知語をより深く理解し、使いこなせるようになります。

利点６：未知の単語を覚えるきっかけとなる

　定型表現を学習することは、すでに知っている単語

27：Firth, J. R. (1957). A Synopsis of Linguistic Theory 1930-55. *Studies in Linguistic Analysis* (pp. 1–32). Basil Blackwell.

のより深い理解につながるだけでなく、初めて出会う単語の学習にも有効であることを示した興味深い研究があります。笠原究氏（北海道教育大学）によって行われたこの研究では、66人の日本人大学生が20の英単語を学習しました。[28] 参加者は「単語グループ」と「定型表現グループ」の2つに分けられました。

単語グループでは、学習者は20の英単語を単独で学びました。一方、定型表現グループでは、学習対象の英単語が含まれた2語のフレーズを、20個学びました。

単語 グループ	acumen =「才覚」、pariah =「のけ者」、 quirk =「癖」
定型表現 グループ	business acumen =「ビジネスの才覚」、 social pariah =「社会ののけ者」、 strange quirk =「変わった癖」

定型表現グループでは、学習する内容が2倍あった（単語グループでは20の英単語のみを学んだのに対して、定型表現グループでは2語からなるフレーズを20語、すなわち20語×2＝40語学ぶことが求められた）ため、定型表現グループの方が学習にかかる負荷は高かったはずです。しかし、事後テストの得点を比較したところ、定型表現グループの方が単語グループよりも高い得点に結びついていました。

28：Kasahara, K. (2011). The effect of known-and-unknown word combinations on intentional vocabulary learning. *System*, *39*, 491–499.

笠原氏の研究結果は、新しい単語を単独で学ぶより
も、定型表現の中で学んだ方が、その単語がより記憶
に定着することを示唆しています。つまり、定型表現
を学ぶことで、すでに知っている単語を使いこなす能
力が伸びるだけでなく、今まで出会ったことがない単
語を覚えるきっかけにもなるのです。このような結果
が得られたのは、すでに知っている単語（例. business）
と結びつけることで、知らない単語（例. acumen）を覚
える手がかりが得られるからでしょう。

　英単語集を使って学習する際には、「acumen ＝ 才
覚」のように英単語と和訳をただ結びつけるのではな
く、「business acumen ＝ ビジネスの才覚」のように定
型表現の中で学ぶと良いでしょう。このようにするこ
とで、定型表現のレパートリーが増えるだけでなく、
未知の単語も記憶に定着しやすくなります。『システ
ム英単語』シリーズ（駿台文庫）のように、英単語が
フレーズで提示されている単語集を使うのも良いでし
ょう。

利点7：文法知識の習得が促進される

　定型表現を覚えることには、単語の知識が増えるだ
けでなく、文法知識が増えるという利点もあります。
例えば、母語話者の子どもが英語の第4文型を習得す
る場合を考えましょう。英語の第4文型は、主語＋動
詞＋間接目的語＋直接目的語（SVO$_1$O$_2$）という形をと
り、「主語が間接目的語に直接目的語を〜する」とい

う意味です。以下に例を示します。

主語 S	動詞 V	間接目的語 O_1	直接目的語 O_2
The professor	gave	the student	an A.
意味：その教授は学生にAを与えた。			
He	cooked	us	breakfast.
意味：彼は私たちに朝ご飯を作ってくれた。			
Jim	emailed	Pam	the report.
意味：ジムはパムにその報告書をEメールで送った。			

　日本の伝統的な英語教育では、「SVO_1O_2」という第4文型のルールをまず教えることが一般的でしょう。しかし、英語母語話者の子どもは、第4文型の抽象的なルールをいきなり学ぶわけではありません。その代わりに、

　Give Mommy a kiss.（お母さんにキスして）
　Give Daddy a hug.（お父さんにハグして）
　Give me a big smile.（最高の笑顔を見せて）
　Do you want me to show you how?
　　　　　　　　　（やり方を教えてあげようか？）

などの用例から、give 〜 a kiss（〜にキスする）、give 〜 a hug（〜をハグする）、give 〜 a smile（〜に笑顔を見せる）、show 〜 how（〜にやり方を教える）などの定型表現をまず身につけます。これらの定型表現の知識を基に、

「SVO$_1$O$_2$」という第4文型の抽象的なルールを徐々に構築していくと考えられています。[29]

成人英語学習者の傾向

　成人の英語学習者は、母語話者の子どもと同じプロセスで英語を学ぶわけではありません。具体的には、子どもは定型表現などのかたまりを丸ごと覚えるのが得意なのに対して、成人の学習者は分析的に捉える傾向があります。[30] 例えば、英語母語話者の幼児はGimmedat.（= Give me that.「それちょうだい」）、Whatsdat?（= What's that?「それなに？」）、Lemme-see.（= Let me see.「見せて」）など、2語以上の単語をつなげて発音することがあります。[31] つまり、単語の切れ目を理解しておらず、かたまりごと記憶する傾向があるのです。一方で、外国語として英語を学ぶ大人は、「Give me that.のgiveは動詞、meは代名詞で間接目的語、thatも代名詞で直接目的語」のように、英文を文法的に解析して文構造を理解することに長けています。

　このように、成人の英語学習プロセスは、子どものそれとは異なります。同時に、大人の英語学習者であっても、give me a break（かんべんしてくれ、うそも休み

29：もちろん、定型表現を含まない第4文型の用例にも子どもは多く接するでしょう。そのため、定型表現だけが文法知識の発達に寄与しているわけではありません。

30：Wray, A. (2002). *Formulaic Language and the Lexicon*. Cambridge University Press.

31：大谷直輝. (2019).『ベーシック英語構文文法』ひつじ書房.

休み言え)、give it some time（冷静に考える）、give it
another try（もう一度やってみる）、drop 〜 a line（〜に一
筆書き送る）、give 〜 the benefit of the doubt（疑わしきは
被告人の有利に解釈してやる、人を善意に解釈する）、give 〜
credit for ...（…を〜の手柄とする、〜が…を当然もっている
とみなす）など、第 4 文型をとる定型表現に触れるこ
とで、第 4 文型の知識が深まるでしょう。[32]

文法と語彙の密接な関係

　伝統的な英語教育では、まずは第 4 文型のルールを
徹底的に学び、その後はじめて第 4 文型を含む表現を
使ってみるというように、「抽象→具体」という順番
で学ぶことが一般的でした。しかし、多くの定型表現
を学ぶうちに、それらに含まれる文法ルールを事後的
に身につけるという「具体→抽象」の順番もありえま
す。[33]つまり、定型表現を学ぶことで、既知の文法事項
への理解が深まったり、新しい文法知識が習得できた
りする可能性があります。

　重要なのは、文法と語彙（定型表現を含む）の学習を
切り離して考える必要はないということです。文法と
語彙は対立するものとして捉えがちですが、語彙（定
型表現）を学ぶことで文法習得が促進されることもあ
りますし、その逆もしかりです。

32：Schmitt, N. (2004). *Formulaic Sequences: Acquisition, Processing and Use.*
John Benjamins.

33：Lewis, M. (1993) *The Lexical Approach: The State of ELT and a Way
Forward.* Thomson Heinle.

文法と語彙が密接に関連することのもう１つの理由に、「あらゆる単語があらゆる文法パターンで用いられるわけではない」ことがあります。例えば、give, tell, send, make は第４文型で使えますが、これらとよく似た意味の donate（〜を寄付する）、explain（〜を説明する）、transport（〜を輸送する）、construct（〜を建設する）は第４文型では通常使いません。[34] すなわち、Margaret gave me $100.（マーガレットが私に 100 ドルくれた）は自然な文ですが、*Margaret donated the Red Cross $100. は不自然です。代わりに、Margaret donated $100 to the Red Cross.（マーガレットが赤十字に 100 ドル寄付した）と言う必要があります。同様に、John told me the news.（ジョンがそのニュースを私に知らせてくれた）は自然ですが、*John explained me the theory. は不自然です。explain を使う場合は、John explained the theory to me.（ジョンがその理論を私に説明してくれた）が適切です。[35]

　つまり、第４文型という文法事項を学ぶ上では、「give, tell, send, make は第４文型で使えるが、donate, explain, transport, construct は第４文型では通常使わない」という単語に関する知識が不可欠です。同時に、donate や explain という単語を学ぶ上では、「donate や explain は第４文型ではふつう使わず、donate / explain A to B という構文で使う」という文法に関す

34：Wolfe-Quintero, K. (1993). The dative alternation in English. *University of Hawai'i Working Papers in ESL, 13*, 39–48.

35：Hilpert, M. (2019). *Construction Grammar and Its Application to English (2nd ed.).* Edinburgh University Press.

る知識が欠かせません。つまり、単語を身につけることなく文法は習得できず、文法を身につけることなく単語も習得できないのです。

　文法と単語は切り離されたものと伝統的には考えられていましたが、近年ではそれらは密接に結びついているという考えが主流になっています[36]。文法と単語のちょうど中間に位置する定型表現は、それらを橋渡しする重要な役割を担っています。

利点8：ある共同体（コミュニティ）への帰属を示す

　定型表現を使用することの8つ目の利点は、ある共同体の正統なメンバーであることを示せる点です[37]。スポーツの実況アナウンサーは、定型表現を使用する割合が高いという研究結果を紹介しました。野球の実況アナウンサーが、「センターフライです」と言う代わりに、「バットに当たったボールが外野の真ん中を守っている選手のところへ山なりに飛んでいきました」と言ったら、「このアナウンサーは野球のこと本当にわかってるのかな？」と不安に思う視聴者もいるでしょう。野球の実況で頻繁に使われる定型表現を使うことで、「私は野球の実況アナウンサーという共同体の正式な一員ですから、安心して私の実況を聞いてください」と、自分自身の正統性を示すことにつながって

36：Boers, F. (2021). *Evaluating Second Language Vocabulary and Grammar Instruction*. Routledge.
37：Wray, A. (2002). *Formulaic Language and the Lexicon*. Cambridge University Press.

いるのです。

　スポーツ実況に限らず、学術・ビジネス・法律・医療など、様々な分野で頻繁に用いられる定型表現は多くあります。例えば、研究者として論文を書く上では、The aim / purpose / goal of this study is to analyze / investigate ...（本研究の目的は、〜を分析・調査することである）、The findings / results suggest that ...（これらの結果は〜を示唆している）、It is likely that ...（〜ということがありうる）、A may be due to B（AはBによるものかもしれない）などのアカデミックな定型表現を適切に用いることが期待されています。また、航空関係者であれば、You're cleared to land on runway 24L.（滑走路24Lに着陸を許可します）、Air Canada 036, you're cleared for take-off.（カナダ航空36便、離陸を許可します）、医療関係者であればHis blood pressure is 130 over 90.（血圧は上が130で下が90です）などの定型表現を理解・産出する能力が欠かせません[38]。これらの定型表現を使いこなすことで、それぞれの職業上のコミュニティの正統な一員としてはじめて認めてもらえるでしょう。

　専門分野における定型表現を学ぶ上では、**Secondary Phrase Lists**（https://www.eapfoundation.com/vocab/other/spl/）というリストが有益です。このリストには、生物・化学・経済・地理・数学・歴史・物理・英語という8分野における頻度の高い定型表現が収録されてい

38：Schmitt, N. (2004). *Formulaic Sequences: Acquisition, Processing and Use.* John Benjamins.

ます。例えば、経済に関する定型表現としては、a demand curve（需要曲線）、an interest rate（利率、金利）、an income tax（所得税）、a market price（市場価格）、an inflation rate（インフレ率）などが掲載されています。

オンラインコミュニティでよく使われるスラング

職業とは関係なく、若者やオンラインコミュニティなど、特定の社会的グループのみで頻繁に使用される定型表現（スラング）も多くあります。以下に、オンラインコミュニティでよく使われる英語の定型表現を示します。

定型表現	解説
a keyboard warrior 意味：オンライン上で攻撃的な発言をする人	匿名のオンライン空間のみで攻撃的な言動をし、現実では同じように振る舞うことが少ないという点では、日本語の「ネット弁慶」に近い。
OK, boomer 意味：はいはい、ベビーブーマーさん	「老害は黙ってろ」と揶揄する際に使われる表現。ニュージーランドのクロエ・スウォーブリック議員が議会演説中のヤジに対して使ったことで話題になった。
cool story, bro 意味：はいはい、おもしろいですねー（棒）	直訳すると「面白い話だね、君」だが、皮肉として使われる。Cool story, bro. You should write a book about it.（はいはい、おもしろいですねー。ぜひ本

	にしてほしいです) という用法もある。
tl;dr 意味：長すぎて読んでない、こんな長いの読めるか	too long; didn't read の略。
a soy boy 意味：軟弱な男	イソフラボンが多く含まれる大豆(soy)を食べると、男らしさが失われるという誤解から生まれたとされる。

　上の表現は、日本語で言う「今北産業」「微レ存」「小並感」「チー牛」「〜ンゴ」などのネットスラングに相当すると考えて良いでしょう。

	解説
今北産業	「今来たところでこれまでの流れを把握していないので、要点をわかりやすく3行で教えてくれ」という意味。匿名掲示板などで使われる。
微レ存	「微粒子レベルで存在している」の略。非常に低い確率だがゼロではないことを示す。
小並感	「小学生並みの感想」の略。小学生でも考えつく幼稚な感想を指す。「粉みかん」「小波感」「コナミ感」などと表記されることもある。
チー牛	牛丼屋さんでチーズ牛丼を頼んでいそうな、陰気で目立たない性格のオタクを指す。
〜ンゴ	「やばいンゴ」「終電逃したンゴ」のように、語

尾につけて使う。元プロ野球東北楽天ゴール
デンイーグルスのドミンゴ・グスマン投手の
不甲斐ない投球内容に由来する。

英語のネットスラングの中には、ミーム（meme; イ
ンターネット上で拡散する画像・動画）となっているもの
もあります。例えば、**Google画像検索**（https://images.
google.com/）で"cool story, bro"memeを検索すると、
以下のような画像がヒットします。

SNSでCool story, broと投稿する際に、上のような
煩
あお
り画像を添えることが様式美（＝お約束）となって
いることがわかります（なお、英語ではSNSの代わりに
social mediaと言うのが一般的です）。

特定のコミュニティのみで通用する定型表現は、あ
る人が「内か外か」を示すリトマス試験紙の役割を果
たします。つまり、ある集団に所属している仲間内で
特定の表現を繰り返し使うことで、「我々は同じ共同
体に属するメンバーである」という連帯を強めている

わけです。職業上のコミュニティにおいて英語を使って活躍したり、社会的なコミュニティに溶け込んで円滑な人間関係を築くためにも、定型表現の知識は不可欠です。

母語話者だけでなく、学習者も定型表現を使うべき

　母語話者は書き言葉・話し言葉にかかわらず、多くの定型表現を使用します。英語母語話者は数十万にもおよぶ定型表現を知っているという推計もあります。[39]我々英語学習者も同じように定型表現を使うべきなのでしょうか。英語は国際的な言語であり、もはや母語話者だけのものではありません。正確な数字を把握するのは困難ですが、外国語として英語を使用する人の方が、母語話者の何倍も多いと推定されています。母語話者が少数派であることを考えると、母語話者を理想とする考えは時代にそぐわなくなっています。「国際語としての英語」の観点からは、母語話者が定型表現を使うからと言って、学習者も使った方が良いとは限りません。

　しかし、結論から言うと、我々学習者も定型表現を使った方が良いでしょう。

　その理由の1つは、これまで述べた通り、定型表現を知ることには、言語使用の正確性・流暢性が上がっ

39：Pawley, A., & Syder, F. H. (1983). Two puzzles for linguistic theory. In J. C. Richards & R. W. Schmidt (Eds.), *Language and communication* (pp. 191–226). Longman.

たり、言語を使って様々な機能を遂行できるようになるなど、多くの利点があるからです。定型表現を覚えることで多くのメリットを享受できるため、母語話者だけでなく、学習者も定型表現を使った方が良いのです。

　２つ目の理由は、母語話者だけでなく、非母語話者であっても、話したり書いたりする際には多くの定型表現を使うことです（上級者の場合は、その傾向が顕著です）[40]。そのため、非母語話者同士でやりとりをする際にも、定型表現の知識があった方が、より円滑なコミュニケーションが可能になります。

　最後に、我々英語学習者も定型表現を使うべき最も大きな理由は、労力の節約になるからです。例えば、誰かの年齢を尋ねるときに、How old are you? という定型表現を使わずに、How much time has elapsed since the moment of your birth?（あなたの誕生の瞬間からどれくらいの時が過ぎたのですか？）[41] といった非慣習的な表現を使うと、相手にこちらの意図が通じなかったり、誤解されてしまう可能性があります（聞き手が母語話者に限らず、非母語話者の場合も同様です）。その場合、同じことを何度も言ったり、誤解をとくためにさらに説明を

40：Lundell, F. F., Bartning, I., Engel, H., Gudmundson, A., Hancock, V., & Lindqvist, C. (2014). Beyond advanced stages in high-level spoken L2 French. *Journal of French Language Studies, 24*, 255–280.

41：テイラー・ジョン・R. (2017).『メンタル・コーパス―母語話者の頭の中には何があるのか』くろしお出版（編訳：西村義樹・平沢慎也・長谷川明香・大堀壽夫）.

重ねるはめになり、結局多くの手間がかかります。定型表現を使って相手にわかりやすく話すと、結果としてこちらの手間が省けるため、聞き手だけではなく、めぐりめぐって自分自身のためにもなるわけです。

　ただし、定型表現の中には、英語圏の文化と密接に結びついたものも多くあります。これらは母語話者にはわかりやすくても、非母語話者も馴染みがあるとは限りません。そのため、非母語話者と話す際には避けた方が良いかもしれません。例えば、It's all Greek to me. は「自分にとっては完全にギリシア語だ」が文字通りの意味ですが、「ちんぷんかんぷんだ」という意味のイディオムです。ギリシア語の知識がないことを前提にした表現であるため、そのような前提が共有されていない話者と話す際には、避けた方が良いでしょう（シェイクスピアの戯曲『ジュリアス・シーザー』で、ローマ人にとってギリシア語がちんぷんかんぷんであったために使われた表現が基になっています。Oxford Dictionary of Idioms）。また、double Dutch（ちんぷんかんぷん）、Dutch courage（酒の上のから元気）、Dutch uncle（ずけずけと批判する人）、Dutch treat（割勘の食事）など、Dutch（オランダ人）が含まれる表現には、ネガティヴな意味が含まれることも少なくありません（イギリスとオランダがかつて敵対していた際の名残だと言われます）。これらの表現も避けた方が良いでしょう。

　「母語話者が使っているから」というだけの理由で定型表現を無理して使う必要はありません。ただ、や

りとりの相手が母語話者であろうと、非母語話者であろうと、定型表現を多く使うことで言語を正確かつ素早く理解・産出できます。

（＊）「母語話者」（native speakers）や「非母語話者」（non-native speakers）という用語には、後者が前者よりも劣っているというニュアンスがあるため、差別的で好ましくないと主張する研究者もいます。[42] 問題が指摘されていることも事実ですが、本書では便宜上「母語話者」「非母語話者」という用語を用います。

定型表現を知ることのデメリット

　定型表現を知ることに様々なメリットがありますが、デメリットもあります。その最たるものは、定型表現だと一字一句に注意を払わないため、一見自明なことを見逃してしまうことです。コーンフレークでおなじみ、ケロッグ社の商品に、ライスクリスピー（Rice Krispies）というシリアルがあります。1990年代前半に、ケロッグ社はイギリスでライスクリスピーに関するテレビCMキャンペーンを行っていました。そのCMは、「ライスクリスピーは何でできていると思いますか？」と道行く人に尋ね、その答えがrice（米）であることを知って皆が驚くというものでした。商品名にrice（米）が入っているため、原料が米であることはすぐにわかりそうなものです。しかし、「ライスクリスピー」というひとまとまりで記憶しており、わざわざ「ライス」と「クリスピー」に分解することはないので、「ライスクリスピー」にライスが含まれて

42：Dewaele, J.-M. (2018). Why the Dichotomy 'L1 Versus LX User' is Better than 'Native Versus Non-native Speaker.' *Applied Linguistics*, *39*, 236–240.

いることに気がつかないのでしょう（もちろん、CMに出演しているのはプロの役者で、台本通りに演じていただけです。しかし、CMの内容は実際の消費者調査に基づいていたそうです）[43]。ライスクリスピーの例からわかる通り、時には定型表現を分解・分析し、一字一句細かく目を配ることも重要なのでしょう。

定型表現だと一字一句に細かい注意を払わないため、思わぬ誤りを見逃してしまうこともあるようです。例えば、イギリスのケンブリッジ大学出版局から発行されているある有名なジャーナル（学術誌）に掲載された文法学習に関する論文で、language learning（言語学習）とすべきところが、language leaning となっていたことがありました。lean は「〜を立てかける、傾かせる」といった意味ですから、「言語を学習すること」ではなくて、「言語を立てかけること」という意味不明の誤植になっていたのです。この論文を書いたのが英語を母語とする言語学者だったというのも、皮肉なものです。language learning は言語学者にとっては非常に使用頻度が高い定型表現ですので、language le○ning という文字列を見ると、無意識に language learning のことだろうと早合点し、実は leaning だったという可能性には思い至らなかったのでしょう（数えてみたところ、論文中に language leaning は 8 回登場していました）。論文が掲載されるまでには、著者だけでなく、

43：Wray, A. (2002). *Formulaic Language and the Lexicon*. Cambridge University Press.

編集者・査読者・校閲者など複数の専門家からの厳しいチェックが入るのですが（１本の論文が掲載されるまでに、２〜３年以上かかることも珍しくありません）、誰一人としてこのミスには気がつかなかったようです。

language learning を language leaning と書くくらいであれば、「恥ずかしい間違いをしてしまった」という笑い話ですむかもしれません。しかし、重要な契約書などであれば、細かいミスが命取りになりかねません。定型表現を知ることで、流暢な言語処理が可能になりますが、時には定型表現の知識を過信せず、一字一句ゆっくりと細かく目を配ることも必要です。

実力を過大評価されてしまう可能性も

定型表現を知ることの２つ目のデメリットは、英語の実力を過大評価されてしまうことです。定型表現を知ることで、英語の正確性・流暢性が高まりますが、もちろん定型表現だけを知っていれば良いわけではありません。母語話者の書いたり話したりした言葉のうち、５〜８割程度が定型表現で構成されているということは、言い換えれば２〜５割は定型表現以外から構成されているということです。そのため、定型表現以外の知識も言うまでもなく重要です[44]。

しかし、定型表現を使いこなしていると、英語力が高いように見えてしまうため、実力以上の評価をされ

44：神谷信廣. (2022). 第７章スピーキングの学習. 中田達也・鈴木祐一（編）『英語学習の科学』(pp. 113-130). 研究社.

てしまうかもしれません。その結果、英語があまり得意でないのに、相手が容赦なく早口で話してきたり、難しい言い回しを使ってくることもあるでしょう。その際には、Could you say that again? やI beg your pardon?（もう一度おっしゃってください）と言って、理解できていないことをきちんと伝えましょう。相手の言うことが理解できていないのに、わかったふりをしていると、思わぬトラブルになりかねません。例えば、英語圏に住んでいる際に銀行から電話がかかってきて、あまり理解できなかったにもかかわらず、聞き直すのも恥ずかしいのでYes, yesと言っていたら、いつの間にか保険を契約するはめになっていたという話を聞いたことがあります（クーリングオフが適用され、あやうく難は逃れたそうです）。

　一方で、英語には、Fake it until you make it. という定型表現があります。この決まり文句は「うまくいくまでは、うまくいっているふりをする」という意味です。つまり、英語が実はあまり得意でなくても、ハッタリでも良いので得意なふりをしていれば、いつかは本当に得意になれるかもしれません。日本語でも、「地位が人を作る」と言います。ですから、自分の英語力を過大評価されることはデメリットにもなりえますが、それを利用して英語力をさらに高めることもできるでしょう。

内容理解がおろそかになることも

　定型表現を知ることの3つ目のデメリットは、英語で読書をしたり、テレビを観たりしている際に、定型表現に思わず注意がいってしまい、内容理解が二の次になってしまうことです。この症状がエスカレートすると、読書やテレビで遭遇した定型表現をノートやスマホにメモせずにはいられなくなってしまいます。

　例えば、Netflixの『Emily in Paris』（エミリー、パリへ行く）というドラマの1シーンを以下に抜粋します。

Gabriel: I seriously cannot believe your dad cut his thumb off.

（君のお父さんが指を切り落としちゃったなんて、信じられない）

Camille: Oh. I can. You know how long he's been doing that trick? Of course it was going to catch up with him.

（私は信じられるわ。どのくらいあの技をやってたと思う？　そのうち絶対ケガすると思ってたわ）

Emily: Yeah, and under my watch. Lucky me. There was so much blood it hit me in the face.

（そうね、しかも私の監視下で。ついてない〜。血だらけで、私の顔にも飛び散ったの）

Gabriel: No.

（そんな）

Emily: Yes, and Camille fainted.

（そう、カミーユは気絶したの）

Camille: You know me.

（わかるでしょ？）

Gabriel: Yeah.
（ああ）
Camille: I <u>can't stand the sight of</u> blood, anyway. <u>Thank you for coming</u>. It means a lot to all of us.
（血を見るのは苦手なの。来てくれてありがとう。みんな喜んでる）
Gabriel: Well, <u>I was worried</u>. You <u>know how much</u> I <u>care about</u> your family.
（心配だったんだ。君の家族は大切な存在だ）
Camille: And they <u>care about</u> you, Gabriel. <u>I hope you</u> know that.
（皆もあなたを大事に思ってるわ、ガブリエル。あなたにも伝わっていると良いけど）
Gabriel: I do. It's also <u>nice to be</u> back in this house. I always sleep <u>so well</u> here.
（ああ。この家に戻って来れてうれしいよ。ここではいつもよく眠れるし）
Camille: Well, maybe <u>it has something to do with</u> who you were <u>sleeping with</u>. <u>Let's see how</u> you do alone.
（それは、この家でいつも一緒に寝てた人のおかげかもよ。独りならどうかしら？）

『Emily in Paris』（Netflix）シーズン2エピソード8より。下線部は定型表現

　わずか40秒ほどの短い会話にもかかわらず、catch up with（〜に追いつく、つけが回ってくる）、can't stand the sight of（〜を見るのも嫌だ）、care about（〜を気にかける）、have something to do with（〜と関係がある）など、多くの有用な定型表現が含まれています。catch up withには「〜に追いつく」「〜に再会して近況を話

し合う」などの意味がありますが、「（避けていた問題などの）つけが回ってくる」という意味で使えることもわかります（ここでは、刀を使ってシャンペンのボトルを開けるという技を長年披露してきたカミーユの父親が、その技の最中に誤って刀で自分の指を切ってしまったことを指します）。

　書き言葉・話し言葉にかかわらず、英語では多くの定型表現が使用されているため、「定型表現をメモせずにいられない病」にかかると、四六時中定型表現を書き留めるはめになります。定型表現への意識が高まることで、英語学習には大いにプラスになるでしょう。しかし、英語での読書やテレビ鑑賞がこれまでのようには楽しめないという副作用もありますので、注意が必要です。

定型表現が離婚につながる!?

　最後に、定型表現への関心が強すぎて、結婚生活が破綻するはめになったヨーロッパ出身のある言語学者の話を紹介します。定型表現に関する研究で世界的に著名なこの学者は、配偶者とケンカしている際にYou swine!（この豚野郎！）と言われたので、「それは興味深い比喩を含んだ定型表現だね」と答えたところ、さらに怒られ、離婚することになったそうです。再婚し、2人目の配偶者とケンカしている際にBloody bastard!（＝このいやな野郎！）と言われたので、「それは頭韻を踏んだ興味深い表現だね」と答えたところ、またも離婚することになったそうです（「頭韻を踏む」

とは、同じ音で始まる単語が繰り返し用いられていることを指します。ここでは、bloody も bastard もどちらも b の音で始まることを指します。詳しくは第 3 章で紹介します)。

定型表現を知ることには多くのメリットがありますが、定型表現に関心を持ちすぎるのも考えものということでしょうか。英語には Less is more. という定型表現もあります。直訳すると「少ない方が良い」ということですが、「過ぎたるは及ばざるがごとし」という意味で用いられます。Moderation in all things、つまり何事も節度をわきまえることが重要なようです。

第2章　奥深き定型表現の世界
──その分類と特徴

8種類の定型表現

　本章では、英語における主な定型表現の種類とその特徴を紹介します。一口に「定型表現」といっても、様々な種類があり、それぞれに適した学習法も異なります。英語にはどのような定型表現があるかを理解することで、定型表現を効率的に学習できます。

　英語の定型表現は、以下の8種類に分類できます。

(1) イディオム (idioms)
例：beat around the bush（遠回しに言う）、 hold your horses（落ち着け）、 show someone the ropes（〜にやり方を教える）
(2) コロケーション (collocations)
例：deeply grateful（深く感謝して）、 sincerely apologize（心からお詫びする）、 strong coffee（濃いコーヒー）、take medicine（薬を飲む）
(3) 二項表現 (binomials)
例：bride and groom（新郎新婦）、give and take（公平にやりとりする、互いに譲り合う、意見交換する）、ladies and gentlemen（紳士淑女の皆さん）、pros and cons（メリットとデメリット、賛否両論）、safe and sound（無事に）
(4) 複合語 (compounds)
例：armchair（肘掛け椅子）、house husband（専業主夫）、

living room（居間）、smartphone（スマートフォン）、
website（webサイト）

(5) 句動詞（phrasal verbs）
例：look up to（〜を尊敬する）、pick up（〜を拾う）、put away（〜を片付ける）

(6) 慣習表現（institutionalized expressions）
例：Nice to meet you.（お会いできてうれしいです）、Seeing is believing.（百聞は一見に如かず）、There is no royal road to learning.（学問に王道なし）

(7) 構文（sentence frames）
例：Just because X does not mean Y.（XだからといってYとは限らない）、not only A but also B（AだけでなくBも）、The 比較級, the 比較級（〜すればするほど、…だ）

(8) 固定フレーズ（fixed phrases）
例：according to（〜によると）、at the same time（同時に）、conceive of（〜を想像する、思う）、certain of［about］（〜を確信して）

Wood, D. (2020). Categorizing and Identifying Formulaic Language. In S. Webb (Ed.), *The Routledge Handbook of Vocabulary Studies* (pp. 30–45). Routledge. などを参考に作成。この分類はあくまでも一例であり、研究者によって他にも様々な分類がなされています

(1) イディオム (idioms)

　イディオムとは、show someone the ropes（〜にやり方を教える）、hold your horses（落ち着け）、beat around the bush（遠回しに言う）のように、比喩的・拡張的な意味を持つ定型表現を指します（「比喩的イディオム」figurative idioms とも呼ばれます）。イディオムの特徴は、意味的透明性（semantic transparency）がない、つまり、

個々の単語の意味から全体の意味を推測するのが困難なことです。例えば、show someone the ropes は「誰かにロープを見せる」が文字通りの意味ですが、「〜にやり方を教える」という意味のイディオムです。show, the, ropes という構成要素の意味から、「やり方を教える」という意味を想像するのはきわめて困難です。そのため、イディオムは意味的透明性がないと言われます。

　イディオムの多くは、文法的に固定されているという特徴もあります。例えば、kick the bucket は Jon Snow kicked the bucket in Season 5.（ジョン・スノウはシーズン5で死んだ）のように能動態でしか用いることができません。さらに、hold your horses（落ち着け）は *He held his horses.のように過去形にすることは通常ありません。同様に、sleep a wink は通常否定形で用いられ、肯定文では使いません。つまり、I didn't sleep a wink last night.（昨晩は一睡もできなかった）とは言えますが、*I slept a wink last night. とはふつう言いません。

　イディオムを学ぶ上では、その由来を理解することが重要です。例えば、show someone the ropes は船乗りに船の操作方法を教えることが由来だと言われています。つまり、「ロープの使い方を見せて、船の操作

45：白井恭弘. (2008).『外国語学習の科学：第二言語習得論とは何か』岩波書店.
46：Irujo, S. (1986). A Piece of Cake: Learning and Teaching Idioms. *ELT Journal, 40,* 236–242.

方法を教える」ことから、「やり方を教える」という意味になったのです。「show someone the ropes ＝ やり方を教える」と丸暗記するのではなく、「show someone the ropes はロープの使い方を見せて、船の操作方法を教えることから、やり方を教えるという意味になった」と理屈をつけた方が覚えやすいことが、これまでの研究から示されています。[47]

イディオムの由来が紹介されている『英語イディオム語源辞典 語源とイラストでスラスラ覚える』（講談社）などの書籍を用いることで、イディオムの知識を効率的に増やせるでしょう。イディオムの例とその由来を以下に示します。

イディオム	文字通りの意味	比喩的な意味
a fifth wheel	５つ目の車輪	余計な人、邪魔者
由来：４輪馬車の予備車輪は、めったに使わないことから。a third wheel もほぼ同じ意味で使われる。		
a red herring	赤いニシン	人の注意を他へそらすもの
由来：猟犬に狐と他の物のにおいをかぎ分けさせる訓練に、赤い燻製ニシンを用いるため。		
cut corners	角を切る	手を抜く
由来：角を曲がる時にショートカットして労力を削減することから。cut (off) the corner が由来。		

47：Boers, F., Demecheleer, M., & Eyckmans, J. (2004). Etymological elaboration as a strategy for learning figurative idioms. In P. Bogaards & B. Laufer (Eds.), *Vocabulary in a Second Language: Selection, Acquisition and Testing* (pp. 53-78). John Benjamins.

cold turkey	冷たい七面鳥	（麻薬・たばこなどを）急に絶つこと
由来：麻薬などを突然やめたときの禁断症状が、死んだ七面鳥の肌に似ていることから。		
fingers crossed	指を交差させて	幸運を祈る
由来：幸運を祈る時に中指を人差し指の上に重ねるジェスチャーから。		
hold your horses	馬をおさえよ	落ち着け
由来：逸る馬をおさえる様子から。		
in a nutshell	ナッツの殻の中に	手短に言えば、要するに
由来：ナッツの殻は小さく、中身が少ないことから。シェイクスピアのハムレットで使用されていた表現。		
pull strings	糸を引く	陰で操る、コネを使う
由来：操り人形を糸で操っている様子から。		
red tape	赤いテープ	お役所仕事、官僚的形式主義
由来：公文書を赤いひもでとじたことから。		
right off the bat	バットから離れてすぐに	ただちに、すぐさま
由来：野球でボールがバットに当たると、ボールがすぐさまバットから離れていくことから。主に北米で使用される。		
rule of thumb	親指の物差し	大ざっぱな計算、大体の目安
由来：親指の関節を物差しに用いたことから。		
sit on the fence	垣根の上に座る	形勢を見る、どっちつかずの態度をとる
由来：垣根の上に座って、どちらに味方するか様子を見る		

ことから。		
(skate) on thin ice	薄い氷の上でスケートをする	薄氷を踏むようで、危険な状態で
由来：薄い氷の上を歩くように、危ない状態から。		
touch base	ベースに触る	連絡をとる
由来：野球でベースに触ることから。		

Oxford Dictionary of Idioms (Oxford University Press)、The Phrase Finder (https://www.phrases.org.uk/) および『英語イディオム語源辞典 語源とイラストでスラスラ覚える』（講談社）などを基に作成

　由来に関して諸説あるイディオムもあります。例えば、kick the bucketは「バケツを蹴る」が文字通りの意味ですが、「死ぬ、くたばる」という意味のイディオムです。このイディオムの由来に関しては、以下の2つの説が知られています。

（1）首つり自殺をしようとする人がバケツの上に乗り、それを足で蹴ることで死んだため、死ぬという意味になった。
（2）イギリスのノーフォークの方言では、bucketには「屠畜した豚などをつるしておく梁（はり）」という意味があり、屠畜される豚が抵抗したり痙攣（けいれん）してその梁を蹴ったため、死ぬという意味になった。

Oxford Dictionary of Idioms (Oxford University Press) より

　2つの説のうち、（2）の方が信憑性が高く、（1）は「通俗語源」（folk etymology）、すなわち、学問的には正しくないものの、広く浸透してしまった誤った説である可能性が高いようです。[48] イギリスの方言でbucketに「屠畜した豚などをつるしておく梁」という意味がある

ことを知っている母語話者は少ないため、「bucket＝バケツ」と解釈して独自の説明を作り上げ、それが定着してしまったのでしょう（学習に役立つのであれば、歴史的には正しくない語源であっても利用すべきという立場もあります）[49]。

　言葉による説明だけではわかりにくい場合は、イディオムの成り立ちを説明する画像も助けになります[50]。『英語イディオム語源辞典 語源とイラストでスラスラ覚える』（講談社）など、イラスト付きの書籍で学習するのも良いでしょう。イラスト付きの書籍が手元にない場合は、**Google画像検索**（https://images.google.com/）でイディオムを検索すると、その成り立ちを示す画像がヒットすることもあります。例えば、**Google画像検索**でsit on the fenceを検索したところ、次の画像が見つかりました。フェンスの上に座って、どちらに味方するか決めかねている様子が視覚的に把握できます。

　英語学習者である我々が無理してイディオムを使う必要はありません。例えば、kick the bucketを知らなくても、die, pass away, pass, deceaseなどの表現を使えば、ほぼ同じ意味が伝えられます（die は最も一般的

48：Carrol, G. (2022). *Jumping Sharks and Dropping Mics: Modern Idioms and Where They Come From*. John Hunt Publishing.

49：Nation, I. S. P. (2020). The Different Aspects of Vocabulary Knowledge. In S. Webb (Ed.), *The Routledge Handbook of Vocabulary Studies* (pp. 15–29). Routledge.

50：Ramonda, K. (in press). A double-edged sword: Metaphor and metonymy through pictures for learning idioms. *International Review of Applied Linguistics in Language Teaching*.

"Sit on the fence" = (idiom) avoid making a choice or decision

な語であるのに対し、kick the bucketは「くたばる」に相当するくだけた表現、pass awayやpassは婉曲表現、deceaseは法律用語としても用いられるなど、細かいニュアンスの違いはあります）。しかし、イディオムは会話・小説・新聞・雑誌などで用いられることが多いため、読んだり聞いたりした時に意味が理解できるようにしておくと良いでしょう。

(2)コロケーション（collocations）

コロケーションは 2 つの内容語（名詞・動詞・形容詞・副詞）から構成されるフレーズです。具体的には、以下のようなパターンがあります。

| 動　詞＋名　詞 | take medicine（薬を飲む） |
| 形容詞＋名　詞 | abject poverty（極貧） |

名　詞＋動　詞	accidents happen（事故が起きる）
副　詞＋形容詞	deeply grateful（深く感謝して）
動　詞＋副　詞	think critically（批判的に考える）

形容詞＋前置詞（例. afraid of「〜を恐れて」）、動詞＋前置詞（例. conceive of「〜を想像する、思う」）などを「文法的コロケーション」と呼ぶこともあります。詳しくは「(8)固定フレーズ（fixed phrases）」をご覧ください

　イディオムとコロケーションは紛らわしいのでよく混同されますが、2つの大きな違いがあります。

　1点目は、コロケーションの方がイディオムよりも意味的透明性が高いことです。例えば、beat around the bushは直訳すると「茂みの周りをたたく」ですが、イディオムとしては「遠回しに言う」という意味になり、「茂み」にも「たたく」にも関係ありません。そのため、beat, around, bushという構成要素の意味から全体の意味を推測するのが困難であり、意味的透明性は低いと言えます。一方で、take medicine（薬を飲む）やstrong coffee（濃いコーヒー）というコロケーションでは、medicineやcoffeeは文字通りの意味で使われています。そのため、構成要素の意味から全体の意味を推測しやすく、イディオムよりも意味的透明性は高いのです。

　2点目は、コロケーションの方がイディオムよりも語彙的制約が少ないという点です。例えば、イディオム kick the bucket（死ぬ）では、bucket（バケツ）をpail（手おけ）やbottle（瓶）など、別の単語に置き換えると「死ぬ」という意味は失われます[51]。一方で、take

78

medicineではmedicineをmedication（薬物）、aspirin
（アスピリン）、pills（丸薬）、drugs（麻薬）などの類義語
に置き換えて、take medication / aspirin / pills / drugs
と言えます。

　しかし、コロケーションも定型表現の一種ですの
で、無制限に置き換えられるわけではありません。
例えば、「写真を撮る」はtake a picture / photo /
photographですが、「映画を撮る」はtakeではなく
make a movie / filmが自然です。同様に、commitは
commit a crime（罪を犯す）、commit a murder（殺人を犯
す）、commit an error（間違いを犯す）、commit a sin（罪
を犯す）など、悪いことを目的語にとりますが、lie
（うそ）、deceit（詐欺）、delinquency（過失、犯罪）など
に使うのはやや不自然です[52]。このように、ある単語と
は一緒に使えるのに、意味的に類似した他の単語とは
使えないことを、「制限性（restrictedness）がある」と
言います。

　イディオムほど固定されていないものの、一定の制
限性があるため、コロケーション習得は困難であり、
自然なコロケーションを使いこなすのは上級者でも難
しいことが研究から示されています。特に注意すべき
なのが、日本語と英語で表現が異なるコロケーション
です。例えば、「宿題をする」はdo homeworkですが、
「散歩をする」は*do a walkではなくtake a walkが自

51：堀正広. (2009).『英語コロケーション研究入門』研究社.
52：Nesselhauf, N. (2005). *Collocations in a Learner Corpus*. John Benjamins.

然です。同様に、「休憩をとる」はtake a restですが「連絡をとる」は*take contactではなくmake contact、「注意を払う」はpay attentionですが「犠牲を払う」は*pay a sacrificeではなくmake a sacrificeなど、日本語と英語で表現が異なるコロケーションは多くあります。[53]母語に引きずられて間違ったコロケーションを産出してしまわないように、これらのコロケーションは特に注意が必要です。学習者が犯すコロケーションの誤りの半分程度が、母語訳に起因するという研究もあります。[54]日本語と英語で表現が異なるコロケーションに関しては、問題集などを用いて意識的に学習するのが良いでしょう。例えば、『例題で学ぶ英語コロケーション』(研究社)では、「日本人が間違いやすいコロケーション」という複数の章があります。日本語から類推しづらいコロケーションがまとめられており、有益です。

　ちなみに、「動詞＋名詞」「形容詞＋名詞」といったコロケーションと同じ文法パターンをとっていても、制限性がない（＝自由度が高い）表現は「自由結合」(free combinations; あるいは「自由連結」)と呼び、定型表現とは通常みなしません。例えば、wantの後にはa car, a baby, peace, moneyなど、あらゆる名詞が来ることができ、制限性がありません。そのため、「want

53：堀正広. (2011).『例題で学ぶ英語コロケーション』研究社.
54：Nesselhauf, N. (2003). The Use of Collocations by Advanced Learners of English and Some Implications for Teaching. *Applied Linguistics, 24*, 223–242.

＋名詞」はコロケーションではなく自由結合に分類され、定型表現とは普通みなされません。

「イディオム」「コロケーション」「自由結合」に関しては、紛らわしい部分もありますので、以下に改めて整理します。

	具体例	制限性	意味的透明性
イディオム	kick the bucket（死ぬ）	◎	×
説明・bucket（バケツ）を pail（手おけ）や bottle（瓶）など、別の単語に置き換えると「死ぬ」という意味は失われるため、制限性が高い。 ・kick も bucket も文字通りの意味で用いられていないため、意味的透明性は低い。			
コロケーション	commit a crime（罪を犯す）	○	○
説明・commit の後には murder（殺人）、error（間違い）、sin（罪）など、意味的に関連がある複数の単語が来ることができる。しかし、lie（うそ）、deceit（詐欺）、delinquency（過失、犯罪）などに使うのはやや不自然であるため、一定の制限性がある。 ・commit も crime も文字通りの意味で用いられているため、意味的透明性は高い。			
自由結合	want a pen（ペンが欲しい）	×	○
説明・want の後には a pen, a car, a baby, peace, money など、あらゆる名詞が来ることができるため、制限性がない。 ・want も pen も文字通りの意味で用いられているため、意味的透明性は高い。			

「イディオム」「コロケーション」「自由結合」の境界は明確ではなく、複数のカテゴリーにまたがったり、

中間的な表現もあります。例えば、動詞 eat は、an apple, a tomato, ice cream, meat, fish, breakfast, lunch, dinner など、食べ物を意味する様々な名詞を目的語にとります。そのため、「eat ＋ 食べ物」は、コロケーションではなく自由結合とみなして良いでしょう。それでは、eat soup はどうでしょうか？ soup も食べ物の一種であるため、eat soup も自由結合とみなせるかもしれません。しかし、日本語ではスープは「食べる」のではなく「飲む」ものであるため、日本語話者にとっては eat soup という表現を使いこなすのは難しいでしょう。そのため、eat soup は自由結合ではなく、コロケーションとして扱った方が良いかもしれません。[55]

また、先ほどの表に示した通り、イディオムは制限性が高いのが原則です。例えば、イディオム kick the bucket（死ぬ）では、bucket（バケツ）を pail（手おけ）や bottle（瓶）など、別の単語に置き換えると「死ぬ」という意味は失われます。一方で、制限性が低い（＝ある程度の自由度がある）イディオムもあります。例えば、show the ropes は「やり方を教える」という意味のイディオムですが、動詞 show を teach, learn, know などに置き換え可能です（Oxford Dictionary of Idioms）。例えば、It's his first week on the job, so he's still <u>learning the ropes</u>.（『Brooklyn Nine-Nine』シーズン7エピソード1）は「彼は今週この仕事を始めたばかりで、まだコツを

55：林洋和. (2002).『英語の語彙指導―理論と実践の統合をめざして』渓水社.

つかんでいないんです」という意味です。

　これらの例が示す通り、「イディオム」「コロケーション」「自由結合」という分類はあくまでも原則であり、その境界はあいまいです。イディオムはコロケーションの一種であるとみなす研究者もいます。[56] コロケーションとイディオムの違いを理解していなくても、英語学習にただちに大きな悪影響があるわけではありません。一口に「定型表現」といっても、制限性や意味的透明性を基準として、いくつかの種類に分類できることを頭に入れておけば良いでしょう。

なぜコロケーションを使うのか？

　コロケーションの中には、1つの単語で置き換えられるものもあります。例えば、make a decision, draw a conclusion, tell a lie は、それぞれdecide（決定する）、conclude（結論を下す）、lie（うそをつく）という単語とほぼ同じ意味です。そのため、これらのコロケーションを知らなかったとしても、対応する単語で代替可能です（例. make a decisionを知らなくても、decideで代用できます）。

　ところで、decide, conclude, lie の代わりに、母語話者はなぜわざわざmake a decision, draw a conclusion, tell a lie などのコロケーションを使うのでしょうか？コロケーションを使うことでより多くの単語を産出しなければならないため、定型表現を使うことで省エネ

56：堀正広. (2011).『例題で学ぶ英語コロケーション』研究社.

になるという「最小努力の原理」に反しているように感じられます。

その理由としては、2つ考えられます。[57]

1つは、decideの代わりにmake a decisionというコロケーションを使うことで、時間稼ぎになるからです。時間を稼いでいる間に、次に何を言うかを計画できるため、結果的に淀みなく流暢な発話が可能になります。

2つ目の理由は、動詞＋名詞コロケーションを使うことで、様々な修飾語を追加できるからです。例えば、make a decisionというコロケーションは、make a big decision（重大な決断を下す）、make the final decision（最終的な決断を下す）、make such a controversial decision（そのように物議を醸す決断を下す）、make a very difficult decision（非常に困難な決断を下す）、make a mature and rational decision（成熟した合理的な判断をする）など、makeとdecisionの間に単語を追加して、多様な意味を表現できます。一方で、decideという動詞1語では、形容詞をそのまま追加できません。[58]

以上の2つの理由により、母語話者はdecide, conclude, lieなどの単語を使う代わりに、make a

57：Wray, A. (2002). *Formulaic Language and the Lexicon*. Cambridge University Press.

58：He gave an interesting lecture. の代わりに He gave a lecture interestingly と言ったり、I had a quick shower. の代わりに I showered quickly. と言うことも可能ですが、一般的ではありません。

Willis, D. (2003). *Rules, Patterns and Words: Grammar and Lexis in English Language Teaching*. Cambridge University Press.

decision, draw a conclusion, tell a lie などのコロケーションを使うと考えられます。「最小努力の原理」に一見反しているようですが、時には回り道をしてコロケーションを使った方が合理的な場合もあるようです。

個人差や地域差もある

　コロケーションの使用に関しては、個人差もあります。日本語母語話者でも、「アンケートをとる vs. する」「眉をひそめる vs. しかめる」「采配を振る vs. 振るう」のうち、どちらが正しいかに関しては意見が分かれます（『微妙におかしな日本語　ことばの結びつきの正解・不正解』草思社）。英語でも同様です。例えば、「大問題」に相当する一般的なコロケーションは a big problem ですが、a large problem という表現を容認するかどうかは、母語話者でも意見が分かれると言います（a larger problem という比較級を用いた表現になると、容認する母語話者は増えるようです）。[59] 母語話者でも判断が揺れるわけですから、学習者がコロケーションを苦手とするのも無理はないでしょう。

　地域によって使用されるコロケーションが異なることもあります。例えば、「テストを受ける」は take a test、「テストを採点する」は grade a test が一般的ですが、イギリスやニュージーランドではそれぞれ sit a test, mark a test という表現も使われます。日本語でも、関東では「パーマをかける」と言いますが、関西

59：堀正広. (2011).『例題で学ぶ英語コロケーション』研究社.

では「パーマをあてる」です。母語話者でも個人差・地域差があるため、学習者にとってコロケーションが難しいのも当然です。

(3) 二項表現 (binomials)

　耳慣れないかもしれませんが、二項表現も定型表現の一種です。二項表現とは、以下のように同じ品詞の2つの単語をandでつなげたものです。

	例
名詞 + and + 名詞	bride and groom（新郎新婦）
動詞 + and + 動詞	give and take（公平にやりとりする、意見交換する）
形容詞 + and + 形容詞	safe and sound（無事に）

　二項表現の中には、2つの単語の順番を入れ替えられないものがあります。例えば、bride and groom, give and take, ladies and gentlemenは一般的な表現ですが、*groom and bride, *take and give, *gentlemen and ladiesと順番を逆にすることは通常ありません。

　比喩的な意味がある二項表現もあります。例えば、bread and butterは「バター付きのパン」という文字通りの意味もあれば、「生計、本業」という比喩的な意味で用いることもあります。ただし、butter and breadと順番を逆にすると、比喩的な意味は失われます。

　二項表現の順番に関しては、意味的な見地から説明できることがあります[60]。例えば、copy and paste（コピ

ーアンドペースト）を *paste and copy と言えないのは、コピーをしてから貼り付ける、という現実世界の時系列を反映しているからでしょう。hit and run（衝突してから逃亡する→ひき逃げ）、spit and polish（つばをつけてごしごし磨く→磨きたてること）や kiss and tell（キスをしてから言う→自分の情事を明かす）も同じ理屈で説明できます。また、名詞から構成される二項表現では、サイズが大きいものが先に来ることも多いようです。例えば、suit and tie（スーツとネクタイ）、bread and butter（バター付きのパン）、cat and mouse（猫とネズミ→獲物をもてあそぶこと、追いつ追われつ）がこれらに該当します。

また、二項表現では、長い単語の方が後に来ることが多いと指摘されています。[61] 例えば、vegetables and fruits よりも fruits and vegetables の方が一般的なのは、fruit よりも vegetable の方が長いからかもしれません。その他にも、fast and furious（すごいスピードの［で］、エキサイティングな）、slow and steady（ゆっくりと着実な）、up-and-coming（新進気鋭の、有望な）などが該当します。[62]

60：Boers, F., & Lindstromberg, S. (2009). *Optimizing a Lexical Approach to Instructed Second Language Acquisition*. Palgrave Macmillan.

61：Bolinger, D. L. (1962). Binomials and pitch accent. *Lingua*, 11, 34–44.

62：この他にも、二項表現の順番には、単語の頻度や母音・子音の種類などが影響している可能性もあります。詳しくは以下をご参照ください。
Benor, S. B., & Levy, R. (2006). The Chicken or the Egg? A Probabilistic Analysis of English Binomials. *Language*, *82*, 233–278.

⑷複合語（compounds）

an armchair（肘掛け椅子）、a house husband（専業主夫）、a living room（居間）など、複数の単語が結合して生まれた表現を「複合語」と言います。複合語全体の意味は、個々の単語の意味から推測するのが難しいことがあります。例えば、a black boardは文字通り「黒い板」ですがa blackboardは「黒板」、a green houseは「緑色の家」ですがa greenhouseは「温室」、a white houseは「白い家」ですがthe White Houseは「ホワイトハウス」（アメリカ大統領官邸）といった具合です。ただし、blackboard は板の一種、a greenhouse も White House も建物の一種ですので、イディオムよりも意味的透明性は高いと言えます。[63]

複合語の中にはa living room（居間）のようにスペースで区切られたものもあれば、a bedroom（寝室）のようにスペースがないものもあります。さらに、a mother-in-law（義理の母）のようにハイフンで区切られた複合語もあります。

定型表現として定着するにつれ、表記方法が変化することもあるようです。例えば、**Google Ngram Viewer**（https://books.google.com/ngrams/）というwebサイトを使うと、ある表現の使用頻度が時代とともにどのように変わってきたかを調べられます。試しに、webサイト

63：一方で、a redneck（赤首→アメリカ南部の貧乏な白人農場労働者〔首筋が赤く日焼けしていることから〕）やa highbrow（額が広い人→知識人）など、意味的透明性が低い複合語もあります。
岸本秀樹・于一楽.（2021）.『ベーシック語彙意味論』ひつじ書房.

を意味する以下の4つの表記方法の使用頻度を調べてみましょう。

	1文字目	スペース
website	小文字	なし
web site	小文字	あり
Website	大文字	なし
Web site	大文字	あり

Google Ngram Viewerの検索ボックスに website, web site, Website, Web site と入力すると、以下の結果が出力されました。

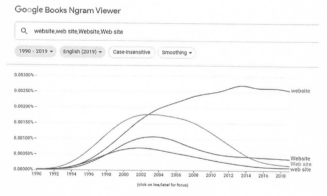

上のグラフから、2002年頃まではWeb site（大文字・スペースあり）という表記が多かったものの、それ以降はwebsite（小文字・スペースなし）が一般的になったことがうかがえます。

念のためwebsites, web sites, Websites, Web sites と

いう複数形の頻度を検索しても、ほぼ同様の結果が得られました。

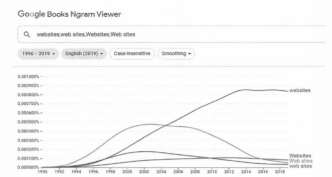

website_INFのように単語の末尾に_INFをつけると、単数形と複数形をいっぺんに検索できます（_INFは活用形も含めてすべて、という意味です）

　当初はWeb siteという大文字表記が一般的でしたが、「webサイト」という語が定着するにつれて小文字にすることが多くなったようです。また、スペースを入れない方が素早く入力できるため、web siteではなくwebsiteとスペースを省略するようになったのかもしれません。

複合語が内容理解を阻害することもある

　リーディングやリスニングをしている際に、複合語が原因で内容理解が妨げられることがあります。例えば、建築関係の記事を読んでいる時に、sheet metalとa chain-link fenceという表現が出てきて、意味がよくわからなかったことがあります。sheet metalは辞書

に「板金、薄板金、金属薄板」と書いてあったのですが、どんなものかピンときません。a chain-link fence は辞書では「チェーンリンクフェンス《スチールワイヤをダイヤモンド状のメッシュに編んだフェンス》」と詳しく説明されていましたが（『コンパスローズ英和辞典』より）、これもどのようなものかよくわかりませんでした。

　複合語の意味を調べる際には、**Google 画像検索**（https://images.google.com/）がおすすめです。例えば、sheet metal や chain-link fence を検索すると、以下のような画像が表示されます。

Google画像検索でsheet metalを検索した結果

　sheet, metal, chain, link, fence といった馴染みのある単語でも、それらが組み合わさって複合語になると、意外な意味になることもあります。知っている単語か

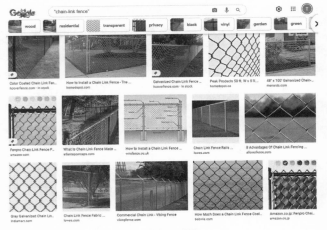

Google画像検索でchain-link fence を検索した結果

　ら構成されているのに意味がピンとこない表現は、「も
しかしたら複合語ではないか」と疑い、辞書や**Google
画像検索**などで調べると良いでしょう。英語における
主な複合語の一覧は、http://www.first schoolyears.
com/literacy/wordlists/compound.htmlで公開されてい
ます。

(5) 句動詞 （phrasal verbs）

　look up to（〜を尊敬する）、pick up（〜を拾う）、put
away（〜を片付ける）など、基本動詞・副詞・前置詞か
ら構成される表現を「句動詞」と言います。母語話者
は好んで使うものの、学習者は使用を避ける傾向があ
ります。[64] 例えば、put off（〜を延期する）の代わりに

postpone、put up with（〜を我慢する）の代わりに
tolerate、look into（〜を調べる）の代わりに investigate
を使うといった具合です。特に、句動詞がない言語を
母語にする学習者（日本語母語話者も含まれます）の多く
は、句動詞を苦手としています。

　句動詞が学習者にとって難しい理由としては、主に
3つ挙げられます。

　1つ目の理由は、1つの句動詞に様々な意味がある
ことです。例えば、bring up を辞書で調べると、「連
れてくる」「育てる」「持ち出す」「前線へ送り込む」
「出頭させる」など、10近くの意味が書いてありま
す。英語で最も使用頻度が高い100の句動詞は、平均
で5.6の意味があるという推計もあります。[65] あまりに
意味が多いため、使いこなす自信がなく、学習者は句
動詞を避ける傾向があるのでしょう。

　2つ目の理由は、文法的なルールが難しいためで
す。例えば、「〜を拾う、（車などに）乗せる、迎えに行
く」という意味の句動詞 pick up では、目的語は up の
前後どちらにも置けます。すなわち、「私は弟を車に乗
せた」と言う時は、I picked up my brother. と I picked
my brother up. のどちらも可能です。一方で、「〜のあ
ら探しをする、いじめる」という意味の句動詞 pick

64：Siyanova, A., & Schmitt, N. (2007). Native and nonnative use of multi-word
　　vs. one-word verbs. *International Review of Applied Linguistics in Language
　　Teaching, 45*, 119-139.
65：Gardner, D., & Davies, M. (2007). Pointing Out Frequent Phrasal Verbs: A
　　Corpus-Based Analysis. *TESOL Quarterly, 41*, 339–359.

onでは、目的語はonの後にしか来ません。つまり、I picked on my brother. とは言えますが、*I picked my brother on. とは言えません[66]。このように複雑な文法ルールがあるため、句動詞に苦手意識がある学習者が多いのでしょう（pick upのupは副詞であるのに対して、pick onのonは前置詞であるため、このような違いが生まれます）。『英語はもっと句動詞で話そう』（語研）では句動詞ごとに語順に関するルールが明記されており、有益です。

　３つ目の理由は、takeという動詞１つをとっても、take after, take away, take down, take off, take on, take out, take upなど様々な句動詞があり、学習が難しいためです。英語圏に旅行した友人が、ファストフード店で持ち帰りをしようとした時に、take outの代わりにI'd like to take off. と言ってしまったというエピソードを聞いたことがあります（take offは飛行機などが離陸するという意味があります）。同じ動詞を含む句動詞が複数あるため、混乱してしまうのも致し方ないでしょう。さらに、「持ち帰る」に相当する句動詞はアメリカ英語ではtake outですが、イギリス英語ではtake awayが主に使われるため（『エースクラウン英和辞典』三省堂）、余計にややこしくなります。

　イディオムと同じく、スピーキングやライティングの際には、無理して句動詞を使わなくて構いません。

66：Wolter, B. (2020). Key Issues in Teaching Multiword Items. In S. Webb (Ed.), *The Routledge Handbook of Vocabulary Studies* (pp. 493–510). Routledge.

put off（〜を延期する）の代わりに postpone、put up with（〜を我慢する）の代わりに tolerate、look into（〜を調べる）の代わりに investigate など、対応する動詞を使えば、ほぼ同じ意味を伝えられます。しかし、母語話者は句動詞を好んで使う傾向があります。一般的なテキストでは、約150語に1回の割合で句動詞が使用されると言われています（平均的な英語書籍は1ページあたり300語前後であるため、1ページあたり句動詞が2回出てくる計算です）[67]。話したり書いたりする際に無理して句動詞を使う必要はありませんが、読んだり聞いたりした時に意味が理解できるようにしておくと良いでしょう。

　句動詞の中には、理屈やイメージで覚えられるものもあります。例えば、up には「完全に」という意味があるため、up を含む句動詞の多くは「〜しつくす」という意味があります。同様に、down は「削減」、on は「継続」の意味があるため、これらの句動詞は丸暗記ではなく、理屈をつけて覚えられます。

up 完全に	eat up（〜を食べつくす）、drink up（〜を飲みつくす）、use up（〜を使いつくす）、clean up（〜を一掃する）、fill up（〜をいっぱいに満たす）
down 削減	calm down（〜を静める、静まる）、cut down（の数［量］を減らす）、narrow down（狭める、絞る）、slow down（速度を落とす）
on 継続	go on（続ける）、carry on（〜し続ける）、move on（どんどん進む）

67：Gardner, D., & Davies, M. (2007). Pointing Out Frequent Phrasal Verbs: A Corpus-Based Analysis. *TESOL Quarterly, 41,* 339–359.

『英熟語図鑑』（かんき出版）など、句動詞のイメージがイラストで示され、直感的に学べる教材を使用するのも良いでしょう。

便利な句動詞リスト

　英語の句動詞は非常に多く、その数は8,000に迫るという説もあります[68]。しかし、これらすべてを覚えることは現実的ではありませんし、その必要もありません。なぜなら、句動詞の中には使用頻度の高いものもあれば、低いものもあるからです。使用頻度が高いということは、英語を読んだり聞いたりする際に、遭遇する可能性が高いということです。そのため、使用頻度の高い句動詞を優先して学びましょう。たまにしか使われないマニアックな句動詞を学んでも、その知識が役立つことはほとんどなく、コストパフォーマンスは良くありません。

　使用頻度が高い句動詞を学ぶ上では、**PHaVE List**（PHrasal VErb Pedagogical List）が有用です。**PHaVE List**には、英語で使用頻度が高い150の句動詞が収録されており、以下で無料公開されています[69]。

https://afa4be34-0fda-46d9-8e64-5adf13d4216b.

68：Liu, D. (2011). The Most Frequently Used English Phrasal Verbs in American and British English: A multicorpus Examination. *TESOL Quarterly, 45,* 661-688.

69：Garnier, M., & Schmitt, N. (2015). The PHaVE List: A Pedagogical list of phrasal verbs and their most frequent meaning senses. *Language Teaching Research, 19,* 645–666.

filesusr.com/ugd/5f2482_ba18c227594d463aae9438e7b06
5f592.pdf

PHaVE Listによると、使用頻度が高い英語の句動詞トップ20は以下です。

句動詞	意味
①go on	起こる（64.5%）、（to）～に移る、あることが終わった後に別のことに取り組む（13%）
②pick up	誰か・何かをある場所から拾い上げる（70.5%）
③come back	戻る（96.5%）
④come up	（with）思いつく（34%）、（be coming up で）すぐに起こる（27.5%）
⑤go back	戻る（90%）
⑥find out	何かを発見する、～について知る（100%）
⑦come out	～から出てくる（38%）、（物事が）知られる（13.5%）、（come out and do something で）意見などを表明する（11.5%）、世に出る（10%）
⑧go out	外出する（56.5%）、（go out and do something で）わざわざ～する（19.5%）
⑨point out	～を指摘する（89%）
⑩grow up	成長する（98%）
⑪set up	～を設立する（64.5%）、～を据える（16.5%）
⑫turn out	～だとわかる（91%）
⑬get out	（外へ）出る、出す（75.5%）
⑭come in	入る（65%）、参加する（14%）
⑮take on	～を引き受ける（42%）、（性質・意味・色・形などを）帯びる（41.5%）
⑯give up	あきらめる（80.5%）

⑰ make up	構成する（42.5%）、 (for) 埋め合わせる（18.5%）、 (make up one's mind で) 決心する（15.5%）
⑱ end up	最後には〜になる（100%）
⑲ get back	戻る（78.5%）
⑳ look up	見上げる（88%）

（ ）内の数字は、その意味で使われる割合です。例えば、go on に「起こる（64.5%）」とあるのは、句動詞 go on は 64.5% の場合、「起こる」という意味で使われることを示します

PHaVE List の特徴は、使用頻度の高い意味のみが厳選して掲載されていることです。例えば、『コンパスローズ英和辞典』（研究社）では、go on について「（先へ）進む」「しゃべり続ける」「続く」「（事件などが）起こる」「（明かりが）つく」など、9 つの意味が記載されています。一方で、PHaVE List では go on には「起こる」と「〜に移る、あることが終わった後に別のことに取り組む」という 2 つの意味しか書かれていません。go on には様々な意味がありますが、この 2 つの意味で使用される場合がほとんどだからです。

PHaVE List には句動詞の用例も掲載されているため、どのような文脈で使用すれば良いかもわかります。例えば、come in に関しては以下の 2 つの例文が収録されています。

She opened the door and he <u>came</u> in.
（彼女がドアを開けると、彼が入ってきた）
We need experts to <u>come in</u> and give us advice.
（専門家に参加してもらい、助言をもらう必要がある）

PHaVE List には句動詞や例文の和訳は付属していないため、少しハードルが高いかもしれません。しかし、使用頻度が高い句動詞の主要な意味を用例付きで学習でき、無料で公開されているため、非常に有益です。

(6)慣習表現 (institutionalized expressions)

Nice to meet you.（お会いできてうれしいです）、Good morning.（おはようございます）などの挨拶は、慣習表現に分類されます。慣習表現は、通常それ単独で独立した文を形成し、構成要素を入れ替えられません。例えば、Good morning. の代わりに *Pleasant morning. や *Enjoyable morning. と言うと不自然です（ただし、Good を省略して Morning. のみで代用することはあります）。

挨拶の中には、文字通りの意味を母語話者があまり意識していないものもあるようです。例えば、学校ですれ違った英語の母語話者に、How are you?（調子はどう？）と聞かれたので、律儀に近況を述べて最後にHow about you?（あなたはどうですか？）と尋ねたら、その人はこちらの返答を聞く前にすでに通り過ぎていて、背中しか見えなかった、という笑い話があります。How are you? は文字通り訳すと「調子はどう？」ですが、必ずしも近況報告に興味はなく、「おはよう」「こんにちは」のような感覚で挨拶として使う場合もあるようです。[70] 英語圏でスーパーマーケットに行くと、会計の際に Hi, how are you today? と言われること

がありますが、⁷¹いちいち近況を述べていたら相手の仕事にも支障をきたすので、迷惑でしょう。

アメリカのテレビ番組『Brooklyn Nine-Nine』では、以下のようなセリフもあります。

- ADA Kurm, how are you?
  （カーム検事補、お元気ですか？）
- Do you want the real answer, about how my wife's leaving me, or do you just want me to say, "Good, how are you?"
  （妻に出て行かれた本当の調子を聞いているのか？　それとも、「元気です。あなたは？」と言って欲しいだけか？）
- The latter?
  （ああ、じゃあ後のほうで）
- Good, how are you?
  （元気だよ。あなたは？）
- We're fine; why are you here?
  （元気です。ご用件は？）

『Brooklyn Nine-Nine』シーズン7エピソード10

When people say, "Good morning," they mean, "Hello." When people say, "How are you?" they mean, "Hello." When people say, "What's up?" they mean, "I am a person not worth talking to."
（Good morning. というのは、hello という意味だ。How are you? というのは、hello という意味だ。What's up? というのは、「私は話しかけるに値しない人間だ」という意味だ）

『Brooklyn Nine-Nine』シーズン4エピソード15

70：Crystal, D. (2020). *Let's Talk: How English Conversation Works.* Oxford University Press.

71：Wray, A. (2002). *Formulaic Language and the Lexicon.* Cambridge University Press.

挨拶の言葉は定型表現として捉えられ、母語話者は文字通りの意味を意識していないことがうかがえます。ちなみに、I am a person not worth talking to. は、「私は話しかけるに値しない人間だ」が文字通りの意味ですが、What's up? というようなくだけた言葉を使う人は相手にするな、という意味が込められているようです。

　一方で、朝から災難続きの人にGood morning.（良い朝ですね＝おはよう）と挨拶したら、Not really.（良い朝じゃないよ）と返されることがあるように、挨拶を文字通りに解釈することももちろん可能です。日本語でも、朝寝坊した人に「おはよう」でなくて、「おそよう」と言うのは、挨拶を定型表現として捉えるのではなく、文字通りの意味を分析している一例と言えるでしょう。同じく『Brooklyn Nine-Nine』（シーズン4エピソード8）から、以下のセリフを紹介します。

- Good evening, sir.
　（良い晩ですね＝こんばんは）
- No, it's not. I haven't slept, because I've been going over that stupid problem.
　（いや、「良い晩」なんかじゃない。あのくだらない問題を解いていたせいで、一睡もしてないんだ）

　上のようなやりとりは日本語に翻訳しにくいものです。しいて訳せばGood evening, sir. が「お疲れ様です」、No, it's not. が「本当にお疲れだよ」という感じでしょうか。

ことわざも慣習表現の一部

挨拶に加えて、Seeing is believing.（百聞は一見に如かず）、Silence is golden.（沈黙は金なり）などのことわざも、慣習表現の一部です。英語には、There is no royal road to learning.（学問に王道なし）、A rolling stone gathers no moss.（転石苔むさず）など、日本語でもおなじみのことわざも多くあります。

また、以下のことわざは英語と日本語で表現は異なりますが、ほぼ同じ意味です。

Don't count your chickens before they are hatched.
卵がかえる前にひなを数えるな➡捕らぬ狸の皮算用。
Too many cooks spoil the broth［soup］.
料理人が多すぎるとスープの味がダメになる➡船頭多くして船山に登る。 There are too many cooks in the kitchen. と言うこともある。
A stitch in time saves nine.
早めにひと針縫っておけばあとで9針の手間が省ける➡転ばぬ先の杖。
When the cat's away, the mice will play.
猫がいないときにねずみたちが遊ぶ➡鬼の居ぬ間に洗濯。

イディオムや句動詞と同じく、スピーキングやライティングの際には、無理してことわざを使う必要はありません。しかし、使用頻度が高いことわざは、リーディングやリスニングで遭遇した際に理解できるようにしておくと良いでしょう。

途中までしか言わなくても意図が通じることわざも
あります。例えば、Speak of the devil, and he will
appear. は直訳すると「悪魔のことを話せば悪魔が現
れる」ですが、日本語の「うわさをすれば影がさす」
に相当します。このことわざは後半部分を省略して、
Speak of the devil. だけで止めてしまうことが珍しくあ
りません。日本語でも、「うわさをすれば影がさす」
の代わりに、「うわさをすれば影」しか言わないことも
ありますが、英語でも同様です。また、Too many cooks
spoil the broth. や A stitch in time saves nine. も、後半部
分を省略して、Too many cooks. や A stitch in time. で止
めることもあります。

　定型表現を使うことの利点の1つは、「少ない負担
でメッセージを産出・理解できるため、省エネにな
る」ことだと述べました。途中までしか言わなくても
意図が通じることわざは、定型表現の省エネ機能をい
かんなく発揮しており、「最小努力の原理」を体現し
ています（Speak of the devil の後半を省略することが多いの
は、うわさの主が現れたので省略せざるをえないから、という
理由もあるかもしれません）。

　慣習表現はイディオムと同じく、固定されており
単語を入れ替えることは通常ありません。しかし、状
況に応じて単語を入れ替え、言葉遊びをすることがあ
ります。例えば、アメリカのテレビ番組『Parks and
Recreation』（シーズン5エピソード3）では、So when
the Ann's away, the mice get perms. というセリフがあ

ります。主人公のレスリーはずっと髪にパーマをかけたがっていましたが、友人のアンに反対され、断念していました。しかし、アンが留守にしているのをいいことに、念願のパーマをかけた際のセリフです。When the cat's away, the mice will play.（猫がいないときにねずみたちが遊ぶ→鬼の居ぬ間に洗濯）ということわざをもじっています。

⑺ 構文 （sentence frames）

Just because X does not mean Y.（XだからといってYとは限らない）、not only A but also B（AだけでなくBも）、The 比較級, the 比較級（〜すればするほど、…だ）など、文を作る上での枠組みとなる構造です。これらを骨組みとして単語を肉付けすることで、様々な英文を産出できます。

構文の中には、意味的透明性が高いものと低いものがあります。意味的透明性が高いものとは、I would appreciate it if you could ...（〜していただけるとありがたく思います）、I'm sorry to hear that ...（〜と聞いて残念です）、Just because X does not mean Y.（XだからといってYとは限らない）のように、構成要素から全体の意味が推測しやすいものです。

一方で、意味的透明性が低い構文には、The 比較級, the 比較級やthere is no ...ing（〜することはできない）があります。The 比較級, the 比較級は「〜すればするほど、…だ」という意味です。例えば、The less he knows, the better. だと「彼が知らなければ知らないほど良い」、The more, the merrier. だと「人数が多ければ多いほど楽しい」という意味です。しかし、この構文がなぜこのような意味になるのか、推測するのは困難です。

構文の中には、特定の単語と使われやすいものがあります。例えば、there is no ...ing は「〜することはできない」という意味です。there is no knowing ... だと「〜を知ることはできない」、there is no denying ... だと「〜を否定できない」です。『ウィズダム英和辞典』（三省堂）によると、there is no ...ing 構文で現れる主な動詞（句）には tell, deny, stop, go back, turn back, mistake, get away (out) が挙げられています（ちなみに、There is no accounting for taste. は「人の好みは説明できない」が文字通りの意味ですが、「蓼食う虫も好き好き」「十人十色」に対応する定型表現です）。

筆者がイギリス英語における there is no ...ing の用例を調べてみたところ、deny, doubt, get, know, go, escape, mistake, gainsay, argue, avoid という10の動詞が多く使われており、この10動詞だけで全用例の約8割を占めていました。

同様に、drive + 目的語 + 形容詞は、「〜を…の状態にする」という意味の構文です。この構文は、主にdrives 人 crazy / mad / insane（〜を怒らせる）などの形で、〜を「好ましくない状態に追いやる」という意味で使われます。また、主語 + go + 形容詞は「〜の状態

になる」という意味ですが、やはり go crazy / mad / insane（気が狂う、怒る）、go bankrupt（破産する）、go hungry（お腹がすく）などの形で、主に悪い状態になることを示します（『エースクラウン英和辞典第3版』三省堂）。このように、構文を学ぶ上では、その意味だけでなく、どのような単語と生起しやすいかを把握することも欠かせません。

　特定の機能と結びついた構文もあります。例えば、What is X doing Y?（Xには人や物、Yには場所が入ります）は、直訳すると「XがYで何をしているんだ？」ですが、「どうしてXがYにあるんだ？」と、本来あるべきではない場所に何かがあることを指摘する際に使われます。例えば、What's this book doing on my desk? は「この本は私の机の上で何をしているんだ？」が文字通りの意味ですが、「どうしてこの本が私の机の上にあるんだ？」という意味です。レストランで注文したスープにハエが入っていた時は、What's this fly doing in my soup?（スープにハエが入っているんですけど）と言うこともできます。アン・ハサウェイ主演の映画『マイ・インターン』（The Intern）では、What is a nice guy like you doing at a place like this?（あなたみたいなすてきな男性が、こんなところで何をしてるんですか？）というセリフもありました。

　What is X doing Y? 構文に関する有名なジョークを紹介します。

> - Customer: Waiter, waiter, what's this fly doing in my soup?
> - Waiter: The breaststroke, I think, sir.

(https://www.englishclub.com/esl-jokes/puns/waiter-waiter-whats-this-fly-doing-in-my-soup.htm)

　What's this fly doing in my soup? は、「スープにハエが入っているんですけど」という意味で通常使いますが、これを「このハエは私のスープの中で何をしているんですか？」と文字通りに解釈し、「平泳ぎです」とウエイターが答えたというわけです（スープに浮いているハエが平泳ぎしているように見えたのでしょうか）。

　What is X doing Y? 構文に限らず、定型表現を文字通りに解釈すると、ユーモラスな効果が生まれることがあります。例えば、『Get Smart』というアメリカのテレビ番組で、Can you give me a hand?（手伝ってくれる？）と言われたロボットが、自分の手を取り外して、主人公に渡すジョークが有名です。Can you give me a hand? は「手伝ってくれる？」という意味ですが、これを「私に手を与えてくれますか？」と文字通りに解釈しているわけです。

　映画『Hook』（フック）では、Somebody give me a hand.（誰か手伝ってくれ）とピーターパンに言われたフック船長が、I already have. と言うシーンもあります。フック船長はピーターパンに手を切り落とされてしまった過去を持つため、Somebody give me a hand. を「誰か私に手をください」と文字通りに解釈し、「もう手はお前にくれてやった」と答えているわけです。

(8) 固定フレーズ（fixed phrases）

(1)〜(7)のいずれにも該当しない定型表現は、「固定フレーズ」と言います。according to（〜によると）、in fact（実際は）など2語で構成されるものから、in addition to（〜に加えて）、at the same time（同時に）のように3語以上で構成されるものなど、長さは様々です。以下に固定フレーズの例を示します。

① 群前置詞
according to（〜によると）、with[in] regard to（〜に関しては）、due to（〜のために）、because of（〜のために）、in addition to（〜に加えて）、in spite of（〜にもかかわらず）、as for（〜に関しては）、thanks to（〜のおかげで）
② 名詞 + 前置詞
anger at（〜への怒り）、access to（〜へのアクセス）、belief in（〜を信じること、〜への信念）、interest in（〜への興味）、need for（〜の必要性）
③ 形容詞 + 前置詞
afraid of（〜を恐れて）、certain of[about]（〜を確信して）、consistent with（〜と一致して、一貫して）、responsible for（〜に責任がある）、similar to（〜と似て）
④ 動詞 + 前置詞
agree with（〜に賛成する）、conceive of（〜を想像する、思う）、depend on ...（〜に頼る、依存する）、fall for ...（〜にほれ込む、だまされる）、provide A with B（AにBを提供する）
⑤ 比喩表現
busy as a bee（非常に忙しい）、clear as crystal（透明な、明瞭で）、cool as a cucumber（涼しい、落ち着き払った）、

fit as a fiddle（とても元気で）、good as gold（非常によい、申し分のない）

⑥その他
and what not（〜など）、at large（逃走中の、全体として）、at the same time（同時に）、beside oneself（我を忘れて、逆上して）、by and large（全体的に）、in fact（実際は）

②〜④は「文法的コロケーション」と呼ばれることもあります

　固定フレーズの多くは意味的透明性が高いため、リスニングやリーディングで理解するのはそれほど難しくありません。しかし、スピーキングやライティングで使いこなすのは難しいこともあります。そのため、以下のようなリストで意識的に学習するのも良いでしょう。

A Phrasal Expressions List

https://afa4be34-0fda-46d9-8e64-5adf13d4216b.filesusr.com/ugd/5f2482_63c555de9e3f4c09af4170ba051b3bbe.doc?dn=AL%20Martinez%20and%20Schmitt%20-%20PHRASE%20List.doc

An Academic Formulas List

https://www.eapfoundation.com/vocab/academic/afl/

日本人学習者のための英語連語リスト English N-gram List for Japanese Learners of English (ENL-J)

http://language.sakura.ne.jp/s/voc.html

Basic Spoken Formula List

https://sites.google.com/view/02241112/home

　固定フレーズの中で意味的透明性がないもの、すなわち構成要素の意味から全体の意味を推測しづらい表現は、コア・イディオム（core idioms）と呼ばれます。例えば、beside oneselfは「我を忘れて、逆上して」という意味ですが、besideとoneselfからフレーズ全体の意味を想像するのは困難です。同様に、by and largeは「全体的に」という意味ですが、by, and, largeという個々の単語から全体の意味を想像するのは難しいでしょう。そのため、これらはコア・イディオムに分類されます。意味的に不透明であるため、コア・イディオムは丸暗記するしかありません。しかし、英語のコア・イディオムは100個程度しかないという推計もあり、暗記するとしてもそれほど負担にはなりません。

　イギリス英語で使用頻度が高いコア・イディオム20を以下に示します。

コア・イディオム	解説
① by and large	全体的に
② so and so	誰かさん、何か 例）Mr. So-and-so 某氏
③ such and such	これこれの 例）on such and such a day これこれの日に

④ out of hand	即座に、きっぱりと、手に余って
⑤ take the piss	滑稽に見える、ばかげているように見える、愚かなことをする
⑥ and what have you	〜そしてその他いろいろ、〜など
⑦ serve ... right	には当然の報いだ
⑧ take ... to task	〜をしかる、責める
⑨ beside oneself	我を忘れて、逆上して
⑩ out and out	全く、完全に、徹底的に
⑪ take the mickey	からかう、いじめる、侮辱する ＊主にイギリス英語で用いられる。
⑫ pull A's leg	〜をからかう ＊日本語の「足を引っ張る」とは異なり、「邪魔をする」という意味では用いない。
⑬ touch and go	（船が）水底をかすって進む、かろうじて成功する
⑭ the Big Apple	ニューヨーク市、大都会
⑮ cut no ice with ...	〜に全然効果がない
⑯ come a cropper	倒れ落ちる、落馬する、大失敗する
⑰ put one's foot in it	苦しい羽目に陥る、失敗する ＊アメリカ英語では put one's foot in one's mouth の形で用いる。
⑱ have an ax to grind	下心がある
⑲ make no bones about it	確かに、間違いなく

| ⑳ a piece of cake | 楽なこと、ちょろいこと |

Grant, L. E., & Nation, P. (2006). How many idioms are there in English? *International Journal of Applied Linguistics, 151*, 1-14. を基に作成

その他のコア・イディオムは、以下の論文の最後の2ページに掲載されています。

https://www.wgtn.ac.nz/lals/resources/paul-nations-resources/paul-nations-publications/publications/documents/2006-Grant-How-many-idioms.pdf

定型表現は(1)〜(8)のカテゴリーに分類されますが、それぞれの細かい違いを覚えることは重要ではありません。例えば、すでに述べた通り、コロケーションとイディオムの違いを理解していなくても、英語学習にただちに大きな悪影響はないでしょう。また、(1)〜(8)の境界は明確ではなく、複数のカテゴリーにまたがったり、中間的な表現もあります。一口に「定型表現」といっても色々な種類があり、効果的な学習法がそれぞれ異なることを頭に入れておけば良いでしょう。

定型表現の厄介な特徴1：
理屈では説明できないことが多い

習得することで様々な利点がある定型表現ですが、いくつかの注意すべき性質もあります。1つは、理屈では説明できない部分が多いことです。例えば、give and take（公平にやりとりする、意見交換する）、ladies and gentlemen（紳士淑女の皆さん）、fish and chips（フィッシュアンドチップス）といった二項表現は、*take and give, *gentlemen and ladies, *chips and fish と順番を逆にすることは通常ありません。

　また、kick the bucket（死ぬ）、shoot the breeze（おしゃべりをする）、beat around the bush（遠回しに言う）などイディオムの多くは、受け身で使ったり、名詞を複数形に変えたりできないなど、文法的な制約が多いことはすでに述べた通りです（例えば、beat around the bush というイディオムは、*beat around the bushes と複数形にしたり、*The bush was beaten around. と受け身にしたりできません）。

　定型表現で使われるとニュアンスが変わる単語もあります。例えば、border は名詞では「国境、へり」、動詞では「〜に隣接する」という意味です。一方で、border on という定型表現になると、「〜に隣接する」という意味に加えて、「（悪いものに）近似する、まるで〜の状態である」という意味になり、主にネガティヴな文脈で使われます。例えば、border on madness は「ほとんど狂気のさただ」、border on child abuse は「ほとんど児童虐待だ」、border on harassment は「ハラスメントすれすれだ」といった具合です。border は中立的なニュアンスの単語ですが、border on だとなぜネガティヴな文脈で使われることが多くなるのか、理屈で説明するのは難しそうです。border on の他にも、set in（始まる）、end up ...ing（〜することになる）、sit through（の終わりまでじっとしている）などの定型表

現も、主にネガティヴな文脈で使われます。[72]

　「英語の定型表現はなぜこんなに厄介なのか？」と思われるかもしれませんが、日本語の定型表現も理屈では説明できない点が多くあります。例えば、「負けず嫌い」は「負けるのが嫌いな人」という意味ですが、「食わず嫌い」は「食べるのが嫌いな人」ではなく、「食べてもいないのに嫌いと決めつける人」です。さらに、「負けず嫌い」を文法的に分析すると、「負けず」は「負ける」の打ち消し形であるため、文字通りには「負けないのが嫌い」、すなわち「負けるのが好き」となるはずですが、正反対の意味で使われます。

　また、「恐れ入ります」という定型表現は申し訳ない気持ちを表しますが、「恐れ入りました」と過去形にすると、感服する気持ちを表します。さらに、「肩身が狭い」「顔が広い」とは言えますが、「顔が狭い」とはふつう言いません。さらに、「白黒写真」「新郎新婦」「損益」は一般的な表現ですが、「黒白写真」「新婦新郎」「益損」は奇妙に響きます（ちなみに、英語ではそれぞれblack and white photography「黒白写真」、bride and groom「新婦新郎」、profit and loss「益損」となり、日本語とは順序が逆です）。

　理屈で説明できない部分が多いのは、英語に限らず定型表現全般の特徴のようです。前述の通り、定型表現を意識的に分析して理屈をこねることにはあまり意

72：Biber, D., & Reppen, R. (2020). *The Cambridge Handbook of English Corpus Linguistics*. Cambridge University Press.

味がなく、「black and white, bride and groom, profit and lossはよく耳にするけど、*white and black, *groom and bride, *loss and profitはなんとなく変だな」「shoot the breeze, beat around the bush はたまに耳にするけど、*the breeze was shot, *the bush was beaten aroundは奇妙だな」「border on, set in, sit throughは、ネガティヴな文脈で使われることが多いな」という直感を養うことが重要です。

定型表現の厄介な特徴２：
明確に発音されないことが多い

定型表現には厄介な音声上の特徴もあります。具体的には、定型表現はそれ以外の表現と比較して、より弱く・短く・流暢に発音される傾向があります。[73]例えば、at the end of the day（結局は）と at the end of the war（戦争の終わりに）は、構造的によく似ていますが、前者が定型表現であるのに対して、後者は慣習的ではありません。そのため、前者の方が後者よりもより弱く・短く・流暢に発音されることが多くなります。

定型表現が明確に発音されないのは、母語話者にとっては前後の文脈からどのような表現が使われるか容易に予測できるからでしょう。ゆっくり明確に発音しなくても意思疎通に支障がないため、定型表現の発話に無駄な労力を割かなくても良いように、弱く・短

73：Bybee, J. (2002). Phonological Evidence for Exemplar Storage of Multiword Sequences. *Studies in Second Language Acquisition, 24,* 215–221.

く・流暢に発音されるようです。rock and roll（rock 'n' roll）は英語の定型表現ですが、日本語でも「ロックンロール」や「ロッケンロール」と言い、「ロック・アンド・ロール」と一字一句はっきり発音しないことを考えるとわかりやすいでしょう。筆者も M & M's というお菓子を「エム・アンド・エムズ」のようにはっきりと発音していたら、英語母語話者におかしいと言われたことがあります。M & M's は /ɛmən(d)ɛmz/ のようにつなげて発音します（早口で「エムネムズ」と言うと、それらしく聞こえます）。

このような音声上の特徴は、定型表現に馴染みがある母語話者にとっては、省エネにもなり、合理的でしょう。しかし、定型表現の知識が十分でない学習者にとっては、弱く・短く・流暢に発音される定型表現は、聞き取りづらくなります。そのため、定型表現を学ぶ上では、文字だけではなく、音声とともに学習しましょう。

定型表現の聞き取りを練習する上では、**YouGlish.com**（https://youglish.com/）という web サイトが有益です。**YouGlish.com** では、特定の定型表現が含まれた複数のビデオを検索・再生できます（定型表現に限らず、個別の単語が含まれたビデオも検索できます）。次の画面は、at the end of the day という定型表現を含むビデオを検索・再生しているところです。

次の画面からわかる通り、**YouGlish.com** では、at the end of the day という定型表現を含むビデオが

How to pronounce **"at the end of the day"** in English (2 out of 17252):

but at the end of the day I was left with
depression.

17,252件見つかりました。ビデオを見ていくと、at the end of the day は「その日の終わりに」という文字通りの意味で用いられることもあれば、「結局は」という比喩的な意味で使われることもわかります。他にも、off the top of my head（思いつきで、十分に考えずに）、I can't wrap my head around it.（私にはよく理解できない）などの定型表現がどう発音されるか、**YouGlish.com**で調べてみましょう。

YouGlish.comでは、様々な文脈で様々な話者が定型表現を発音している音声が聞けるため、聞き取り練習にうってつけです。[74] **YouGlish.com**以外にも、**TED**

Corpus Search Engine (https://yohasebe.com/tcse/) や **Play Phrase.me** (https://www.playphrase.me/#/search/) でも、任意の定型表現を含むビデオが検索できます。

定型表現の厄介な特徴３：
英語圏の文化と結びついたものが多い

定型表現のさらに厄介な特徴は、英語圏の文化と密接に結びついたものが多いことです。例えば、英語には野球・競馬・航海に関する定型表現が多くあります。これは、アメリカでは野球が、イギリスでは競馬・航海が文化的に重要な意味を持っている（あるいは、過去に持っていた）からだと指摘されています。[75]

野球・競馬・航海に関する定型表現の例を以下に示します。

野球
a ballpark figure（おおよその見積もり）、a pinch hitter（代打、代役）、(hit it) out of the park（場外ホームランを打つ

74：同じ話者が同じ単語を繰り返し発音するのを聞くよりも、様々な話者が同じ単語を発音するのを聞いた方が、発音習得に効果的であることを示した研究があります。例えば、ある話者がbinoculars（双眼鏡）と発音するのを6回聞くよりも、6人の異なる話者がbinocularsを1回ずつ発音するのを聞いた方が、この単語の正確な発音が身につくということです。様々な話者の発音が聞けるYouGlish.comなどのwebサイトは、発音習得に有益です。

Uchihara, T., Webb, S., Saito, K., & Trofimovich, P. (in press). The Effects of Talker Variability and Frequency of Exposure on the Acquisition of Spoken Word Knowledge. *Studies in Second Language Acquisition.*

75：Boers, F., & Lindstromberg, S. (2009). *Optimizing a Lexical Approach to Instructed Second Language Acquisition.* Palgrave Macmillan.

→大成功する)、keep (one's) eyes on the ball（ボールから目を離さない→油断しないでいる）、off base（ベースから離れて→全く的外れで、不意をつかれて）、out in left field（完全に考え違いして、非常に風変わりで）、play hardball（攻撃的に振る舞う、厳しく当たる）、right off the bat（ただちに、すぐさま）、three strikes and you're out（三振すればアウト→3度失敗すればあとはない）、throw a curve ball（変化球を投げる、〜の意表を突く、驚かす）、touch base（連絡をとる）

競馬

a dark horse（ダークホース、意外な勝ち馬）、change horses in midstream（計画などを途中で変更する）、flog a dead horse（無駄骨を折る）、from the horse's mouth（直接に、信ずべき筋から）、get on your high horse（傲慢な態度を取る、威張る）、hold your horses（落ち着け）、in the running（競技［競走］に加わって、候補に上って）、neck and neck（互角に、負けず劣らず）、too close to call（優劣不明の、接戦の）、win hands down（楽勝する）

航海

a leading light（導灯、重要人物、指導的な人）、be left high and dry（船が岸に乗り上げて、見捨てられて、おいてきぼりにされて）、break the ice（話の口火を切る、解決の糸口を見つける）、clear the decks（戦闘準備をする、行動準備にかかる）、on deck（甲板へ出て、準備ができて）、plain sailing（順風満帆）、show someone the ropes（〜にやり方を教える）、steer clear of someone（〜に近づかない、〜を避ける）、take ... on board（〜を理解する、受け入れる、仲間に加える）、the tip of the iceberg（氷山の一角）

Boers, F., & Lindstromberg, S. (2009). *Optimizing a Lexical Approach to Instructed Second Language Acquisition*. Palgrave Macmillan. を基に作成

定型表現は文化と密接に結びついているため、英語圏でも国によって使われる表現に差があります。例えば、a rain check は「雨で中止となった場合の振替券」が字義通りの意味ですが、比喩的に「後日の招待［誘い］」という意味もあります。例えば、We will give you a rain check if it is inconvenient. は「ご都合が悪ければまた後日お呼びしましょう」、I'll take a rain check. は「またの機会にします」という意味です。a rain check は主にアメリカで使用され、イギリスでは一般的ではないと言われています。その理由は、悪天候で知られるイギリスでは雨が珍しくないため、雨天中止に伴う振替券（＝ a rain check）を用意するのが一般的ではないためと指摘されています。[76]

right off the bat（ただちに、すぐさま）など野球に関する定型表現の中には、主に北米で使用され、イギリスではあまり使用されないものもあります。イギリスでは野球人気が高くないからです。一方で、イギリス英語には以下のようにサッカーやクリケットに関するイディオムが多くあります。

サッカー
score an own goal（オウンゴールをする、自分で自分の首を絞める）、move［shift］the goalposts（ゴールポストを動かす→自分に有利になるように規則を変える）

76：Wray, A. (2002). *Formulaic Language and the Lexicon*. Cambridge University Press.

クリケット
a straight bat（垂直に構えたバット→正直な行動、立派な行い）、hit ［knock］ for six（6点打を打つ→〜を打ち負かす、論破する）

　第1章で述べた通り、定型表現は話者がある共同体に所属する正統なメンバーであるかを示すリトマス試験紙の役割を果たします。つまり、文化的背景に関する知識がないと理解できない表現を仲間内で使うことで、「我々は同じ共同体に所属するメンバーである」という連帯感を強めているわけです。定型表現が話者のアイデンティティと深く関連していることを考えると、英語圏の文化と密接に結びついた表現が多いのも納得できます。

　しかし、英語を外国語として学ぶ学習者にとっては、英語圏文化と結びついた定型表現は理解しづらいというデメリットにもなりえます。また、文化と密接に結びついているということは、最新のニュースや映画・テレビ番組などを基に、新しい定型表現が日々生まれているということでもあります。例えば、Netflix and chillは「ネットフリックスを見てくつろぐ」が文字通りの意味ですが、「家にあがってイチャイチャする」という意味で使われるイディオムです。[77] 例えば、Do you wanna Netflix and chill?は「ネットフリックスを見てくつろがない？」が文字通りの意味ですが、性

77：Carrol, G. (2022). *Jumping Sharks and Dropping Mics: Modern Idioms and Where They Come From.* John Hunt Publishing.

行為を指す隠語としても用いられます。

　また、a rabbit hole は文字通り「ウサギの巣穴」ですが、「別世界への入り口」を指すことがあります。『不思議の国のアリス』で、アリスがウサギの巣穴に落ちて別世界に行ったためです。[78] さらに近年では、a rabbit hole を（主にインターネットの）「底なし沼」という意味で用いることが増えているようです。例えば、アメリカのテレビ番組では、以下のようなセリフがあります。

I haven't been sleeping much lately. Last night I went down an Instagram <u>rabbit hole</u> and wound up looking at pictures of Tony Danza's grandchildren till 3:00 A.M.
（最近、あまり眠れてないの。昨日の夜はインスタの底なし沼にはまって、夜中の3時までトニー・ダンザの孫の写真を見てしまったの）

『Suburgatory』シーズン3エピソード1より

I have been researching facts about Pawnee and sometimes I just get sucked into an Internet <u>rabbit hole</u>. And next thing I know, I'm looking up how slugs have sex.
（ポーニーについて調べていて、ときどきインターネットの底なし沼に吸い込まれてしまうんです。そして気がつくと、ナメクジがどうやってセックスするかについて調べているんです）

『Parks and Recreation』シーズン4エピソード20より。「ポーニー」はアメリカ・インディアナ州にあるという設定の架空の都市の名前です

78：Carrol, G. (2022). *Jumping Sharks and Dropping Mics: Modern Idioms and Where They Come From.* John Hunt Publishing.

新しく生まれたばかりの定型表現は辞書にも掲載されていないため、学習者にとっては厄介です。**Urban Dictionary**（https://www.urbandictionary.com/）などのスラングを集めたwebサイトで検索すると良いでしょう（ただし、**Urban Dictionary** はユーザーからの投稿で成り立っており、中にはネタ的な投稿も含まれているため、注意が必要です）。また、『*Jumping Sharks and Dropping Mics: Modern Idioms and Where They Come From*』（John Hunt Publishing）という2022年に出版されたばかりの書籍では、映画・テレビ・インターネット・スポーツなどから生まれた最新のイディオムが多数紹介されており、有益です。書籍に掲載されているイディオムとその意味は、https://www.modern-idioms.com/list-of-idioms/ から無料で閲覧できます。また、「研究社**Online Dictionary**」（https://kod.kenkyusha.co.jp/、有料）は定期的に更新されるため、新しい定型表現が収録されていることもあります。

定型表現の厄介な特徴４：
制約を無視して創造的に使用されることがある

　すでに述べた通り、定型表現には理屈では説明しづらい、様々な制約があります。しかし、母語話者はその制約をあえて無視して、定型表現を創造的に使うことがあります。アメリカのテレビ番組『Parks and Recreation』から、いくつか例を示します。

> Ben: Ben and Leslie's <u>day off</u>. Let's go relax.
> （ベンとレスリーの休日だ。ゆっくりしよう）
> Leslie: I cannot wait for our <u>day off</u>. But what if we <u>took a day on</u> and stayed here and worked on some projects?
> （一緒の休日が待ち遠しいわ。でも、休む代わりにここにとどまって、プロジェクトに取り組むのはどう？）

『Parks and Recreation』シーズン 5 エピソード 20 より

　day off は「休日」という意味の定型表現です。take a day off だと、「1 日休む」という意味です。*take a day on という表現は一般的ではありませんが、day off の反対、つまり「休暇を取らない」という意味でここでは使われています。すなわち、「take a day off とは言えるが、*take a day on とはふつう言わない」という制約をあえて無視することで、ユーモラスな効果を狙っているわけです。

　以下は、部下のトムが上司のクリスにセラピーを薦めている場面です。

> Tom: Maybe you should see a therapist. I hope I'm not <u>out of line</u>.
> （セラピーに通われたらいいかもしれません。一線を越えていたら〔＝差し出がましいようでしたら〕、すみません）
> Chris: Au contraire, mon frere. You are as "<u>in line</u>" as a person can be.
> （正反対だよ、ブラザー。これ以上ないくらい、一線の中だよ〔＝差し出がましくないよ〕）

『Parks and Recreation』シーズン 5 エピソード 2 より

124

I hope I'm not out of line. の out of line は「列を乱して」が文字通りの意味ですが、「節度をわきまえない、失礼な、並外れた」といった意味も持つ定型表現です。これに対して、クリスは You are as "in line" as a person can be、すなわち、「この上ないくらい in line だ」と答えています。in line には「整列して、準備が整って〈for〉、調和して〈with〉、おとなしくして、適正規模［範囲内］に」などの意味がありますが、I hope I'm not out of line. と言ってきた相手に対して、No, you are in line. ということは通常ありません。*take a day on と同じく、定型表現を創造的に使用している例です（ちなみに、Au contraire, mon frere. はフランス語で、On the contrary, my brother. を意味します）。

『Parks and Recreation』から、もう１つ例を示します。

Tom: Look, man, you know your stuff, but you're like a crazy volcano. You'd have to show me you can <u>bring it down a notch</u>.
（あのさ、君は知識は豊富なんだけど、感情がいつも大爆発してるんだ。ちょっとは落ち着けるってことを証明してくれよ）
Craig: I'll <u>bring it down 1,000 notches</u> if I have to!
（落ち着いて欲しいんなら、1,000段階でもトーンダウンしてやるよ！）

『Parks and Recreation』シーズン６エピソード 19 より

トムが経営するレストランでソムリエとして働きたいクレイグに対して、「雇って欲しいならもう少し落

ち着いてくれ」と言っている場面です。notchは「段階」という意味があり、bring [take] it down a notchで「もう一段階下げる」、すなわち、「もう少し落ち着いてくれ」という意味になります。**Netspeak**（https://netspeak.org/）というwebサイトで調べると、down a few notches, down a couple of notches, down several notches, down many notchesなどの用例は見つかりますが、down 1,000 notchesは一般的ではないことがわかります（次ページの画像を参照）。

bring it down a notch「一段階（＝もう少し）トーンダウンしてくれ」と言われたので、「一段階とは言わず1,000段階でもトーンダウンしてやるよ！」と、相手が使用した定型表現を基にした非慣習的な表現で応答していることがわかります。[79]

上のように定型表現の制約を無視した言語使用は、母語話者の間では珍しくありません。特に、文学作品・映画・テレビ番組・広告・歌詞などでは、定型表現を創造的に使用することが頻繁に見られます。[80] 日本語でも、慣用句をもじって「目から鱗が10枚ほど落ちた」や「寝耳に大雨」と言うことがあります。[81] このような言葉遊びは、「『寝耳に水』とは言うが、『寝耳に大雨』とは通常言わない」などの前提が共有されて初めて成り立っています。しかし、そのような前提を

79：take ～ down a notch (or two)で、「～の高慢の鼻をへし折る、自信をなくさせる」という用法もあります。

80：堀正広. (2009).『英語コロケーション研究入門』研究社.

81：https://www.kenkyusha.co.jp/uploads/lingua/prt/13/IshidaPriscilla1407.html

Down * notches	i ✕ ↺
down a few notches	7,400 54%
down a couple of notches	1,600 12%
down several notches	1,400 11%
down a couple notches	674 4.9%
down two notches	464 3.4%
down three notches	331 2.4%
down 2 notches	249 1.8%
down 1 notches	193 1.4%
down 3 notches	163 1.2%
down notches	161 1.2%
down many notches	157 1.1%
down 4 notches	125 0.9%
down quite a few notches	109 0.8%
down a few more notches	108 0.8%
down 5 notches	100 0.7%
down 6 notches	96 0.7%
down the notches	81 0.6%
down 7 notches	78 0.6%
down 8 notches	56 0.4%
down 9 notches	48 0.3%

Netspeakでdown * notchesと検索した結果（Netspeakの使用方法については、第3章で詳しく解説します）

必ずしも知らない学習者にとっては厄介です。

　例えば、「テレビでtake a day onやbring it down 1,000 notchesと言っていたから、一般的な表現に違いない」と思って使ってみると、相手に理解されなかったり、「そんな言い方はしない」と訂正されてしまうかもしれません。母語話者が非慣習的な表現を使うと「創造的な言葉遊び」と捉えられるのに対して、学習者が同じことをすると「ネイティヴはそんな言い方をしない」「英語として不自然だ」と言われることがあると

いう、ダブルスタンダードを指摘する研究者もいます。[82]

　「自然な英語にたくさん触れることで、多くの定型表現を自然に習得できる」とよく言われます。しかし、「自然な英語」には *take a day on や *bring it down 1,000 notches などの非慣習的な表現が含まれていることもあります。「定型表現には様々な制約がある」「しかし、このような制約を無視して、創造的に使われることもある」という相反する性質が、定型表現の学習をさらに困難にしています。

　定型表現には厄介な特徴が多いため、その学習は一筋縄ではいきません。どのようにすれば定型表現を効果的に身につけられるでしょうか？　その答えは次の章で――。

82：Wolter, B. (2020). Key Issues in Teaching Multiword Items. In S. Webb (Ed.), *The Routledge Handbook of Vocabulary Studies* (pp. 493–510). Routledge.

第3章　4技能を伸ばす定型表現の学習法

　第1章で述べた通り、定型表現を使うことには多くのメリットがあります。しかし、定型表現は体系的に指導されることはほとんどなく、[83] 多くの学習者は定型表現を苦手としています。[84]

　本章では、筆者の専門とする第二言語習得研究における最新の知見を織り交ぜながら、定型表現の効果的な学習法を紹介します。

4技能同時学習法

　定型表現を身につける上でお薦めの学習法に、4技能同時学習法があります。以下の条件を満たした教材を用意しましょう。

　1　英語音声が付属している。
　2　スクリプト（英文の書き起こし）が付属している。
　3　スクリプトの和訳が付属している。
　4　英語音声の長さは30秒〜1分程度。

　第2章で述べた通り、定型表現の中には弱く・短

83：Wray, A. (2000). Formulaic sequences in second language teaching: Principle and practice. *Applied Linguistics, 21*, 463–489.

84：Laufer, B., & Waldman, T. (2011). Verb-Noun Collocations in Second Language Writing: A Corpus Analysis of Learners' English. *Language Learning, 61*, 647–672.

グ（parallel reading）とも呼ばれます。

(3) シャドーイング（shadowing）

スクリプトを見ずに、流れてくる音声をそのまま声に出します。スクリプトを見ながら英文を真似するのがオーバーラッピング、スクリプトを見ずに英文を真似するのがシャドーイングです。

(4) リードアンドルックアップ（read and look up）

①スクリプトを見ながら英文を1文ずつ読む（read）、②スクリプトから目を離す（look up）、③英文を口頭で再現する、④スクリプトを見て自分の再現した文と一致しているかを確認する、という手順を繰り返します。

(5) リテンション（retention）

①スクリプトを見ずに英文を1文ずつ再生する、②英文を口頭で再現する、③スクリプトを見て自分の再現した文と一致しているかを確認する、という手順を繰り返します。リードアンドルックアップではスクリプトを見てから英文を声に出しますが、リテンションではスクリプトを見ずに声に出すという違いがあります。

(6) ディクテーション（dictation）

①英文を1文ずつ再生する、②英文を書きとるという手順を繰り返します。最後に、書きとった英文と

スクリプトを見比べて、答えを確認します。

　上の(1)〜(6)の学習を行うことで、定型表現の知識を内在化させる、すなわち、自分の頭の中に取り入れ、スピーキングやライティングの際に使えるようになります。(1)〜(6)のすべてを毎日行う必要はありませんが、最低でもどれか1つは行いましょう。

　(3)シャドーイングと(5)リテンションに関しては、スマートフォンとイヤフォンさえあれば、スクリプトが手元になくても行えます。そのため、スクリプトを広げられない満員電車の中や、道を歩いている際にも練習できます。

ステップ5

　①和訳を見て、英文を口頭で再現する（あるいは、英文を書く）、②スクリプトを見て、自分の産出した英文と比較するという手順を繰り返します（和訳から元の英文を復元するため、「復文」と呼ばれることもあります）[87]。和文英訳の練習をすることで、スピーキングやライティングで定型表現を使う力がつきます。

4技能同時学習法に役立つソフトウェア

　4技能同時学習法を行う上では、**Language Reactor** というソフトウェアが便利です（ブラウザChromeの拡張

87：田中健一. (2022). 『はじめてでも「使える英語」が身につく！英語復文勉強法』ジャパンタイムズ出版.

機能です）。**Language Reactor** を使うと、**YouTube** や **Netflix** の動画を使用して、「日本語と英語の字幕を同時に表示する」「英語字幕のみを表示する」「日本語字幕のみを表示する」「字幕を一切表示しない」「字幕ごとに頭出しして再生する」「字幕中の英単語をポップアップ辞書で調べる」「再生速度を変える」「字幕ごとに動画を自動的に一時停止する」など、様々なことが実現できます。

以下は、**TED Talks** の How to start a movement（社会運動の起こし方）という動画を **Language Reactor** で再生しているところです。

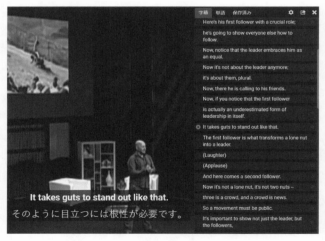

右側に英語字幕の一覧が表示されており、真ん中の動画には英語と日本語字幕が表示されています。右側の字幕で stand out（目立つ）が含まれた文をクリック

すると、この定型表現が含まれた箇所を頭出しして動画再生できます。

Language Reactor を使用することで、ステップ４（例. 音読、オーバーラッピング、リードアンドルックアップ、リテンション）やステップ５が簡単に実現でき、４技能同時学習法を効率的に行えます。

４技能同時学習法を成功させるカギ

４技能同時学習法で最も重要なのは、定型表現の産出練習をするステップ５です。定型表現の中には、すでに知っている単語から構成されており、さらに意味的透明性が高いため、意味理解を阻害しないものが多くあります。

コロケーションを例にとりましょう。イディオムや句動詞とは異なり、コロケーションは意味的透明性が高いのが特徴です（第２章を参照）。そのため、英文中に知らないコロケーションが出てきても、問題なく理解できてしまうことが多いのです。

例えば、tell a lie（うそをつく）、tell the truth（真実を述べる）、start an engine（エンジンをかける）、make a copy（コピーをとる）、take medicine（薬を飲む）などのコロケーションを自分から使うのは難しいかもしれません。しかし、lie, truth, engine, copy, medicine という単語を知っていれば、これらのコロケーションの意味を類推するのはそれほど難しくないでしょう。

ただし、意味的透明性が高いということは、「辞書

などで調べないでも意味がわかる」というメリットがある一方、デメリットにもなります。それは、英文中に出てきても内容理解を阻害することが少ないため、定型表現に意識が向きにくいということです。

例えば、I do not expect to start making a lot of money right off the bat. という英文があったとします。right off the batは、「バットから離れてすぐに」が文字通りの意味ですが、「ただちに、すぐさま」という意味のイディオムです（野球でボールがバットに当たると、ボールがすぐさまバットから離れていくことが由来だと言われています）。このイディオムを知らないと、「お金の話をしているのに、なぜ突然バットが出てきて、野球の話になったんだ？」と内容理解が阻害されるでしょう。そこで、辞書で調べたりして、right off the batの意味を習得するかもしれません。つまり、意味的に不透明であるということは、内容理解を阻害するというデメリットがある一方で、学習者の注意が向きやすいという学習上の利点もあります[88]。

一方で、When I watch you tell a lie, it helps me determine whether you're telling the truth.（あなたがうそをついているところを見れば、真実を言っているかを見極めるのに役立つ）という英文はどうでしょうか？（『The Mentalist』シーズン4エピソード23より）tell a lieというコ

88：Vu, D. V., & Peters, E. (2022). The Role of Formulaic Sequences in L2 Speaking. In T. M. Derwing, M. J. Munro, & R. Thomson (Eds.), *The Routledge Handbook of Second Language Acquisition and Speaking* (pp. 285-298). Routledge.

ロケーションを知らなかったとしても、「うそをつく」という意味は比較的容易に推測できます。そのため、学習者はtell a lieというコロケーションが使われていることにすら気づかないかもしれません。さらに、tell a lieのように、動詞と目的語の距離が近ければコロケーションに気づきやすいですが、tell the same lie（同じうそをつく）、tell such transparent lies（そのように見え透いたうそをつく）、tell a fairly minor lie（とても小さなうそをつく）のように、tellと目的語の間に副詞や形容詞など他の単語が入ると、tell a lieというコロケーションに気づくのはさらに難しくなります。そのため、tell a lieというコロケーションに複数回遭遇していても、この表現は習得されないままで、いざ自分で「うそをつく」と言いたい時に*say a lieという一般的ではない表現を使ってしまうかもしれません。[89]

　つまり、意味的透明性が高いというコロケーションの性質は、内容理解という面ではプラスになるものの、記憶への定着という観点からは必ずしも望ましくないのです。コロケーションに限らず、二項表現・慣習表現など、意味的透明性が高い他の定型表現でも、同じような問題が起こりえます。

　そのため、定型表現を身につける上では、リスニング・リーディングだけでなく、スピーキング・ライティングで定型表現を実際に使ってみて、「理解できる

89：Boers, F., & Lindstromberg, S. (2009). *Optimizing a Lexical Approach to Instructed Second Language Acquisition*. Palgrave Macmillan.

表現」を「産出できる表現」にまで高めることが不可欠です。このような理由で、4技能同時学習法では定型表現の産出練習をするステップ5が最重要です。

多読による定型表現の学習

定型表現の多くは、インプット中から頻度が高いものを無意識のうちに習得すると考えられています。例えば、母語話者や上級の英語学習者は、「give and takeとは言えるが、*take and giveとはふつう言わない」「borderは中立的な単語だが、border onはネガティヴな文脈で使うことが多い」「there is no ...ing構文では、tell, deny, stop, mistakeなどの動詞が使われることが多い」ということを知っています。しかし、これらの性質すべてについて明示的な指導を受け、意識的に学んだわけではありません。

その代わりに、「give and takeはよく耳にするけど、*take and giveはなんとなく変だな」「border onはネガティヴな文脈で使うことが多いな」「there is noの後には、telling, denying, stopping, mistakingが来ることが多いな」という直感を知らず知らずのうちに養っています。このような直感を磨く上では、多くのインプットに触れることが欠かせません。

多くのインプットに触れる上では、多読（extensive reading）が効果的です。多読とは、簡単な英文をたくさん読む活動です。多読を通して多くの英語に触れる中で、頻度の高い定型表現を自然に身につけることが

期待できます。

　多読で用いる教材としては、知らない単語や文法事項がほとんど含まれないものが適しています。未知の言語項目が多く含まれる教材では、「多読」ではなく、「精読」（intensive reading）になってしまうためです。具体的には、未知語（知らない単語）の割合が２％以下であるものが望ましいと言われています。例えば、100語から構成されるテキストであれば、未知語は２語以下であるべき、ということです。「読んで楽しむ」ことを念頭に、やさしい英文をたくさん読みましょう。テキストの難易度が高すぎると、内容理解だけで精一杯になり、定型表現にまで注意が向かない可能性もあります。定型表現習得の観点からも、テキストの難易度は低い方が良いのです。

　多読教材は、以下のwebサイトから無料で入手できます。

- **Extensive Reading Central**
  （https://www.er-central.com/）
- **The Extensive Reading Foundation**
  （https://erfoundation.org/wordpress/free-reading-material/）
- **Paul Nation's Resources**
  （https://www.wgtn.ac.nz/lals/resources/paul-nations-resources/
  readers/）
- **Tween Tribune**
  （https://www.tweentribune.com/）
- **CommonLit**
  （https://www.commonlit.org/）

・**Free Graded Readers**
　（https://freegradedreaders.com/wordpress/）

　多読をする上では、「辞書は一切引いてはいけない」という主張も見られます。ただし、どうしても気になる表現や、「この表現の意味がわからないと文章全体が理解できない」という場合は、辞書を引いても問題ありません。定型表現を身につける上でも、辞書は引いた方が効果的です。

　「気になる表現は辞書を引いても良い」というものの、1行読むのに何回も辞書を引かないと理解できない場合は、精読になってしまいますので、より難易度が低い教材を使用した方が良いでしょう。多読はreading for pleasure（楽しむための読書）とも呼ばれます。「難しすぎる」「面白くない」と思ったら、途中でも躊躇なく投げ出して、他の教材に移って構いません。

　学習者のために作られた教材ではなく、生の（authentic）英語に触れたい方は、**Twitter** や **Instagram** などのソーシャルメディア（SNS）で、英語話者の有名人をフォローするのもお勧めです。**People**（https://people.com/）、**US Weekly**（https://www.usmagazine.com/）や **Jezebel**（https://jezebel.com/）などのwebサイトでセレブのゴシップを読むのも良いでしょう。多読を成功させる鍵は、楽しみながらたくさんの英文に触れることですので、興味のある内容を読むのが一番です。「時間が経つのを忘れて、いつの間にか色々な記事を読ん

でいた」という状況が理想です。

　日本語ですでに読んだことがある書籍の英語版を読むのもお勧めです。内容がすでに頭に入っているため、「どのような表現が使われているか」に注意が向きやすくなり、定型表現の習得が促進されます。同じ理由で、日本語のニュース・新聞ですでに馴染みがある話題に関する英文記事を読むのも良いでしょう。

多読の効果を高めるための工夫１：定型表現への遭遇回数を増やす

　多読を通して定型表現を習得することが可能ですが、数回遭遇しただけで全ての表現が習得されるわけではありません。

　例えば、フランク・ボアーズ氏（オンタリオ・ウェスタン大学）らが行った研究を紹介します。この研究では、ニュージーランド在住の留学生が、イソップの物語（The Donkey and His Masters）を聞きながら、そのテキストを２回読みました。その後、物語に関する絵を見ながら、その内容を英語で要約することが求められました。

　物語には35の定型表現（例. earned his living［生計を立てていた］、despite the fact that［〜にもかかわらず］、turn down［〜を断る］）が含まれていました。しかし、物語を英語で要約する際に、学習者が実際に使った定型表現は、35個中わずか2.4個（約７％）にすぎませんでした。[90]この研究結果は、リーディングやリスニングで定

型表現に触れたからといって、それらを即座に使いこなせるとは限らないことを示しています。

　多読から多くの定型表現を習得するには、どうしたら良いでしょうか？　１つの方法に、定型表現への遭遇回数を増やすことがあります。これまでの研究では、テキスト中に繰り返し出てくる表現ほど、習得される可能性が高くなることが示唆されています。目安として、定型表現を習得するには、10〜15回くらい同じ表現に接することが必要だという説があります[91]。

　もちろん、習得に必要な繰り返し回数は、「どのような定型表現を、どのような方法で、どのような学習者が学ぶのか」など、様々な要因に影響されるため、10〜15回というのはあくまで目安にすぎません。しかし、遭遇回数を増やせば増やすほど、定型表現が身につく可能性が高まるという点では研究者の意見は一致しています。

　しかし、厄介なことに、同じ定型表現が同一テキスト内で繰り返されることはまれです。例えば、『Beneath the Bleeding』という推理小説で使われている動詞＋名詞コロケーションの頻度を集計したところ、複数回用いられていたのは７つのみで、それ以外の35個は１回ずつしか用いられていませんでした[92]。さらに、複

90：Hoang, H., & Boers, F. (2016). Re-telling a story in a second language: How well do adult learners mine an input text for multiword expressions? *Studies in Second Language Learning and Teaching, 6,* 513-535.

91：Webb, S., Newton, J., & Chang, A. C.-S. (2013). Incidental Learning of Collocation. *Language Learning, 63,* 91-120.

数回用いられていた7つのコロケーションのうち、3つは3回、4つは2回しか繰り返されておらず、習得に必要とされる10〜15回繰り返されていたコロケーションは1つもありませんでした。この結果を考えると、多読から定型表現を習得するためには、定型表現への遭遇回数を増やすための何らかの工夫が必要です。

定型表現への遭遇回数を増やす1つの方法は、同じテキストを複数回読むことです。例えば、ある小説にpay tribute（敬意を表する）というコロケーションが1回使われているとします。この小説を1回読んだだけでは、pay tributeを習得するのは難しいでしょう。しかし、同じ小説を10回繰り返し読めば、pay tributeに10回接することが保証されるため、この定型表現が身につく可能性は飛躍的に高まります。

しかし、いくら定型表現の習得に効果的だからといっても、同じ小説を10回も読むのは退屈でしょう。その場合は、narrow readingというテクニックが効果的です。narrow readingとは、ある狭い（narrow）トピックに関連した複数のテキストを読むことです。例えば、新型コロナウイルス感染症（COVID-19）に関する複数の新聞・雑誌記事を読むと、a cluster of infections（感染クラスター）、lift the state of emergency（緊急事態宣言を解除する）、social distancing（安全な距離を保つこと）、administer booster shots（追加のワクチンを打つ）、anti-

---

92：Boers, F., & Lindstromberg, S. (2009). *Optimizing a Lexical Approach to Instructed Second Language Acquisition.* Palgrave Macmillan.

maskers（マスク着用に反対する人）、a mask mandate（マスク着用義務）など、特定の定型表現に複数回出会うことが期待できます。同じ定型表現に繰り返し接することにより、これらの表現が身につく可能性が高まります。

narrow readingには、もう1つの利点があります。それは、あるトピックに関連した複数のテキストを読むことで、内容理解が累進的に容易になることです。例えば、COVID-19（新型コロナウイルス感染症）、climate change（気候変動）、Black Lives Matter（BLM; アフリカ系米国人への差別抗議運動）など、異なるトピックの記事を読むと、用いられる表現や内容が大きく異なるため、理解するのは難しいかもしれません。一方で、新型コロナウイルスに関する複数の記事を読むと、表現や内容に重複があるため、読み進めるごとに内容理解が加速度的に容易になります。

narrow readingをする上では、**Google** アプリ（iOS・アンドロイド対応）が便利です。**Google** アプリを利用すると、webサイトの閲覧履歴や、登録したトピックに関する記事がフィードに自動表示されます。例えば、BLMに関する英文記事を複数読むと、BLMに関する英文記事をオススメしてくれます。**Google** アプリに表示された記事を閲覧することで、自分の興味があるトピックに関する narrow reading が簡単に行えます。

次の写真は筆者の **Google** アプリのフィードに表示された記事の例です。英語教育に関するまじめな記事に加え、関心があるテレビ番組（『Flight of the Conchords』

『Revenge』『2 Broke Girls』）や歌手（デュア・リパ、ラナ・デル・レイ）に関する記事がオススメ表示されていることがわかります。これらの記事を読むことで、興味があるトピックに関するnarrow readingが実現できます。

多読の効果を高めるための工夫２：定型表現に気づきやすくする

　多読は定型表現の知識を増やす上で効果的です。一方で、基本的な単語から構成され、意味的透明性が高い定型表現（例. コロケーションや慣習表現）に関しては、多読では習得しづらいというデメリットもあります。

　多読からこれらの定型表現を習得する上では、すでに紹介した**IDIOM Search**（https://idiomsearch.lsti.ucl.ac.be/)、**Multi-Word Units Profiler**（https://multiwordunitsprofiler.pythonanywhere.com/)、**Phrase Profiler**（https://www.lextutor.ca/vp/collocs/）など、テキスト中に含まれる定型表現を自動でハイライトしてくれるwebサイトを使いましょう。多読を行った後に**IDIOM Search**などで定型表現を可視化することで、定型表現に意識を向ける

ことができ、習得が促進されるでしょう。[93]

多聴による定型表現の学習

　多読に加えて、多聴（extensive listening）も定型表現を習得する上で効果的です。[94]多聴とは、その名の通り簡単な英語をたくさん聞く活動であり、多読のリスニング版です。多読と同じく、知らない単語や文法事項がほとんど含まれない英文を教材にします。以下のwebサイトでは、多聴に役立つ教材が無料で入手できます。

- **BBC Learning English**
  （https://www.bbc.co.uk/learningenglish/）
- **Randall's ESL Cyber Listening Lab**
  （https://www.esl-lab.com/）
- **ELLLO**
  （https://www.elllo.org/）

　多読の項で紹介した**Extensive Reading Central**（https://www.er-central.com/）では、音声も収録されているため、多聴教材としても使用できます。ポッドキャストや**Audible**（https://www.audible.co.jp/）などで興味のある内容を聞くのも良いでしょう。日本語あるいは英語で

93：Boers, F., Eyckmans, J., Kappel, J., Stengers, H., & Demecheleer, M. (2006). Formulaic sequences and perceived oral proficiency: Putting a Lexical Approach to the test. *Language Teaching Research, 10,* 245-261.

94：Puimège, E., & Peters, E. (2020). Learning Formulaic Sequences through Viewing L2 Television and Factors That Affect Learning. *Studies in Second Language Acquisition, 42,* 525-549.

すでに読んだことがある書籍の音声を聞くのもおすすめです。ストーリーがすでにわかっているため、「どのような表現が使われているか」という言語形式に注意が向きやすくなり、定型表現の習得が促進されるでしょう。

多聴には、**YouTube**，**TED Talks**，**Netflix** などの動画視聴サービスも利用できます（映像が含まれる場合は、extensive listening「多聴」ではなく、extensive viewing「多視聴」と言うこともあります）。

多聴の効果を高めるための工夫

多聴においても、繰り返し使用される定型表現ほど、習得される可能性が高くなることが研究から示されています。そのため、同じ教材を複数回聞くなど、定型表現への遭遇回数を増やす工夫をしましょう。

多読の項で紹介した narrow reading を応用して、narrow viewing をするのも良いでしょう。[95] narrow viewing とは、連続ドラマなど、シリーズもののテレビ番組を視聴することです。複数のテレビ番組をつまみ食いするのではなく、特定のシリーズを継続的に見ることで、内容理解が徐々に容易になり、繰り返し用いられる定型表現の習得が促進されるでしょう。例えば、アメリカのテレビ番組『The Big Bang Theory』であれば、科学やサブカルチャーに関する定型表現が繰

95：Rodgers, M. P. H., & Webb, S. (2011). Narrow Viewing: The Vocabulary in Related Television Programs. *TESOL Quarterly, 45,* 689–717.

り返し用いられるので、これらを習得できる可能性が
高まります。その他、narrow viewing に活用できるシ
リーズもののテレビ番組を以下に紹介します。

ジャンル	番組名
学生生活	Glee, Community, Riverdale, 13 Reasons Why, Atypical, Sex Education, Fresh Meat, The Inbetweeners
ビジネス	The Office, Billions, Mad Men, Mr Selfridge
法律	Suits, The Good Wife, Law & Order
政治	The West Wing, Designated Survivor, House of Cards, Parks and Recreation, The Politician
犯罪	Homeland, Brooklyn Nine-Nine, Person of Interest, The Mentalist, Mindhunter, Sherlock, You, Revenge, CSI, Castle
医療	Grey's Anatomy, The Good Doctor, House, Scrubs, ER
テクノロジー	Mr. Robot, StartUp, Silicon Valley
日常生活	This Is Us, Modern Family, Schitt's Creek, The Middle, Grace and Frankie, Portlandia, Girls, It's Always Sunny in Philadelphia, Seinfeld, Friends, Friends from College, Full House, Fuller House, Crashing, Miranda, Black Books, $#*! My Dad Says
レストラン・料理	2 Broke Girls, Hell's Kitchen, Iron Chef
ニュース番組	The Morning Show, Great News, The Newsroom
文学	Dickinson, The Chair

哲学	The Good Place
恋愛	How I Met Your Mother, Modern Love, Love, Master of None, Gossip Girl, Ground Floor
SF	Black Mirror, Orphan Black, Stranger Things
時代物	Downton Abbey, The Crown, Bridgerton, Anne with an E, Blackadder
ショービジネス	Nashville, Smash, Hollywood, Flight of the Conchords
依存症	Mom
チェス	The Queen's Gambit

　上の表に示した番組でnarrow viewingを行うことで、特定の分野に関連した定型表現を習得できるでしょう。

　上級者にお薦めなのが、「英語以外の言語で作成された番組を、英語の吹き替え音声と英語字幕で見る」という学習法です。例えば、『アグレッシブ烈子』は、丸の内にある架空の商社、キャラリーマン商事の経理部に勤め、デスメタルをこよなく愛する烈子（レッサーパンダ）が主人公のアニメです。元々は日本語で制作されていますが、Netflixでは英語の吹き替え音声および英語字幕が提供されています。しかし、吹き替え音声と字幕では、同じ内容を表現するのに、異なる定型表現を用いていることがあります。

　例えば、『アグレッシブ烈子』シーズン４のエピソード５で、電車のドアが開いているのに、列の先頭に立っている経理部のトン部長（豚）がなかなか電車に

乗り込まず、後ろの利用客が迷惑している場面があります。この時、トン部長の後ろに並んでいる会社員（ラクダのような動物）があるセリフを言います。このセリフは、英語音声では You're kind of standing in the way.（そこに立っていると邪魔なんですけど）ですが、英語字幕では You're holding up the line.（列の邪魔なんですけど）となっています。

英語音声：You're kind of standing in the way.
英語字幕：You're holding up the line.

　英語音声と英語字幕を比較することで、列の邪魔になっていることを表現する際に、stand in the way に加えて hold up the line という定型表現が使えることがわかります。1つの場面で2個の定型表現が身につくという点で、まさに一石二鳥（kill two birds with one stone）の学習法です。ちなみに、in the way は「邪魔になって」、hold up は「〜の進行を阻止する、（交通などを）妨げる、遅らせる」という意味です。

　しかし、英語音声を聞き取りつつ、表現が異なる英語字幕を理解するのは、英語上級者であってもなかなか難しいでしょう。その場合は、4技能同時学習法で紹介したソフトウェア、**Language Reactor** を用いましょう。**Language Reactor** を使うことで、1つのセリフが終わるたびに自動的に一時停止したり、同じセリフを何度も聞き直すことが簡単にできます。

　さらに、**Language Reactor** を使うと、英語字幕に

加えて、日本語字幕もあわせて表示できます。次の画像は、**Language Reactor**で英語音声を聞きつつ、英語字幕と日本語字幕を同時に表示している画面です。

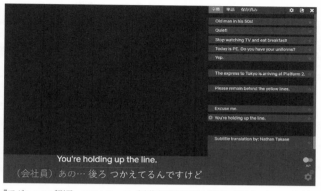

『アグレッシブ烈子』のワンシーン（映像部分は権利の関係上黒塗りにしています）

字幕にはYou're holding up the line. と表示されていますが、音声ではYou're kind of standing in the way. と言っています。また、「あの…後ろつかえてるんですけど」という日本語字幕も同時に表示されています。

英語音声：You're kind of standing in the way.
英語字幕：You're holding up the line.
日本語字幕：あの…後ろつかえてるんですけど。

同じ状況を表現するのに、英語では「あなたが邪魔になっている」とyouを主語にするのに対し、日本語では「後ろの人が迷惑している」と、you以外の人（＝世間）を主語にしているのが興味深いですね。日本

では子どもを叱る時に、「人が見てるからやめなさい」などと言うことで、小さい時から世間の目を意識するように教育されると言います。列の邪魔になっていることを伝える際のセリフにも、「世間に迷惑をかけてはいけない」という価値観が表れているようです。

　以下に、**Netflix**の『アグレッシブ烈子』を題材に、英語音声と英語字幕を比較することで、複数の定型表現が学習できる例を紹介します。1つ目は、新居に引っ越した烈子が友人のハイ田くん（ハイエナ）に段ボール箱を開けるよう依頼している場面です。

英語音声：Do you wanna start opening them for me?
英語字幕：Could you open the boxes?
日本語字幕：じゃあ箱、どんどん開けちゃってくれる？

『アグレッシブ烈子』シーズン4エピソード1

　Do you wanna ...? は直訳すると「〜したいですか？」ですが、親友に何かを依頼する際にも使えることがわかります。しかし、家族や親友など、親しい間柄以外では失礼な印象を与えることもありますので、無理に使用しない方が良いでしょう。とはいえ、私は妻（アメリカ出身）から、Do you wanna take out the trash?（ゴミ出しといて）やDo you wanna fold the laundry?（洗濯物たたんどいて）とよく言われています。形式上は疑問文ですが、実質的には命令文であり、No, I don't. や I'd rather not. という返答が許容されないのは言うまでもありません。

以下は、キャラリーマン商事の新社長（犬？）が経理部のトン部長に着席するよう促しているシーンです。

英語音声：<u>Would you care to sit?</u>
英語字幕：Please, <u>have a seat.</u>
日本語字幕：どうぞおかけください。

『アグレッシブ烈子』シーズン4エピソード3

　Would you care to ...?は、Would you care to join me?（ご一緒にいかがですか？）、Would you care to dance?（踊っていただけませんか）と誘ったり、Would you care to comment?（コメントをお願いできますか？）、Would you care to give some more details?（もう少し詳しいことを教えてもらえますか？）と依頼する際に使える定型表現です。

　以下は、経営の効率化を目指す新社長が、経理部のトン部長に支出削減を命じる際のセリフです。

英語音声：
　Your department is a <u>cost center</u> that <u>brings in</u> no profit.
英語字幕：
　Accounting generates no profit. It's a <u>cost center.</u>
日本語字幕：
　経理部門は利益を生まない、コストセンターです。

『アグレッシブ烈子』シーズン4エピソード3

　brings in no profitとgenerates no profitが同じ意味で使えることがわかります。a cost centerは、「企業内で直接利益を生み出さない部門」（『オーレックス英和辞典』旺文社）を指します。

次の例は、昼休みを終え、午後の仕事へと向かう経理部の社員、烈子のセリフです。

> 英語音声：All right, I'm ready for round two.
> 英語字幕：Let's knock some work out this afternoon.
> 日本語字幕：さっ、午後の仕事頑張ろ。

『アグレッシブ烈子』シーズン4 エピソード3

　音声では午後の仕事を round two（第2ラウンド）と表現しています。一方、字幕では knock out という定型表現が使われています。knock out はボクシングや野球などでお馴染み、「～をノックアウトする、意識を失わせる、参らせる」という意味です。ここでは、「午後の仕事をノックアウトしてやろう」と比喩的に表現しています。

　最後に、経理部の社員、烈子が同僚の角田さん（ガゼル）に感謝しているセリフです。

> 英語音声：I couldn't have done it without your helpful advice.
> 英語字幕：I owe it all to your helpful pointers!
> 日本語字幕：師匠の的確なアドバイスのおかげです。

『アグレッシブ烈子：We Wish You a Metal Christmas』

　音声の I couldn't have done it without ... は、「～なしにはできなかったことでしょう」という意味の定型表現です。字幕の I owe it all to ... は、「すべて～のおかげです」という意味です。pointer は「（図表などを指し

示す）棒」という意味もありますが、ここでは「助言、ヒント」という意味で使われています。音声と字幕を比較すると、your helpful advice と your helpful pointers がほぼ同じ意味で使えることがわかります。

　英語音声を聞き取るのが難しい場合は、ブラウザ **Chrome** の自動字幕表示機能を使いましょう。**Chrome** で「設定」→「詳細設定」→「ユーザー補助機能」をクリックし、「自動字幕起こし」をオンにします。すると、**Chrome** 上で再生した動画・音声の字幕（書き起こし）を表示してくれます。この機能を **Language Reactor** と組み合わせると、英語音声に合わせて、英語音声の書き起こし・英語字幕・日本語字幕という3つの文字情報が表示されます。例えば、以下のようになります。

英語音声：
　I couldn't have done it without your helpful advice.
英語音声の書き起こし：
　I couldn't have done it without your helpful advice.
英語字幕：I owe it all to your helpful pointers!
日本語字幕：師匠の的確なアドバイスのおかげです。

　I couldn't have done it without your helpful advice. という音声を聞き取りつつ、その書き起こしを読み、I owe it all to your helpful pointers! という別の字幕を理解し、さらに「師匠の的確なアドバイスのおかげで

す」という日本語字幕にまで目を配るのは大変です。**Language Reactor** の自動一時停止や頭出し機能を駆使して、定型表現に触れると良いでしょう。

『アグレッシブ烈子』『リラックマとカオルさん』などの日本を舞台にした作品を英語で観ると、日本について英語で話す訓練にもなるので、お薦めです。特に『アグレッシブ烈子』は、サンリオのかわいらしいキャラクターとは裏腹に、パワハラやリストラなどの現代的なテーマも扱っているため、ビジネスや時事問題に関する多くの定型表現を習得できます。『イカゲーム』（韓国）や『ペーパー・ハウス』『エリート』（スペイン）など、日本以外の非英語圏のドラマも英語の吹き替え音声および英語字幕が提供されているため、音声と字幕を比べる学習に活用できます。

熟語集の活用

多読・多聴を通して多くのインプットに触れることで、定型表現を文脈から自然に習得できます。しかし、多読・多聴による学習は時間がかかり、効率が悪いという欠点もあります。定型表現を短時間で効率的に身につけるには、熟語集などを使用した意図的な学習も必要です。[96]

定型表現が英語学習に重要な役割を果たすという認識が広まるにつれて、定型表現に特化した多くの教材

96：Boers, F., & Lindstromberg, S. (2009). *Optimizing a Lexical Approach to Instructed Second Language Acquisition.* Palgrave Macmillan.

が近年出版されています。以下のような教材を活用することで、重要な定型表現を効率的に習得できます。

『例題で学ぶ英語コロケーション』（研究社）

『プログレッシブ 英語コロケーション練習帳』（小学館）

『フレーズ活用英語塾』（小学館）

『英語イディオム語源辞典 語源とイラストでスラスラ覚える』（講談社）

『すらすら話せる英語プレハブ表現317』（開拓社）

『英熟語図鑑』（かんき出版）

『仕事の英語 この単語はこう使う！―仕事で使うキーワードとコロケーション』（桐原書店）

『英語はもっとイディオムで話そう』（語研）

『英語はもっと句動詞で話そう』（語研）

『英語はもっとフレーズで話そう』（語研）

「テスト」が記憶を強化する

　熟語集で学習する際には、定型表現とその和訳をただ眺めるだけでなく、定型表現から和訳を思い出す、あるいは和訳から対応する英語表現を思い出す練習をしましょう（専門的には「想起練習」retrieval practice と言います）。これは、記憶を能動的に想起することで定型表現の記憶保持が促進されるからです[97]。例えば、

97：Pellicer-Sánchez, A., & Boers, F. (2018). Pedagogical approaches to the teaching and learning of formulaic language. In A. Siyanova-Chanturia & A. Pellicer-Sánchez (Eds.), *Understanding Formulaic Language: A Second Language Acquisition Perspective* (pp. 153-173). Routledge.

「come to terms with＝〜と折り合いをつける」という情報をただ眺めるのではなく、「『折り合いをつける』は英語で何と言いますか？」と聞かれて、come to terms with という定型表現を想起することで、記憶がより強固になります。ちなみに、「記憶を能動的に想起することで記憶が強化される」という現象は、「テスト効果」（testing effect）と呼ばれます。「○○は英語で何と言いますか？」と聞かれて、それに対応する表現を思い出すのは、テストのようなものだからです。

　「テスト」というと、学校の定期試験や入学試験を連想して、ネガティヴな印象を持っている方も多いでしょう。筆者が小学生の時には、先生が「これからテストをやります」と言うと、「聞いてないよ〜！」とダチョウ倶楽部の真似をするのが流行っていました。もちろん、ほとんどの場合テストは予告されていたのですが、それだけテストへの拒否反応が強かったのでしょう。何かと否定的にとらえられることが多いテストですが、非常に効果的な学習法であることが多くの研究から示されています。[98]

　テスト形式の練習をする際には、「英語を見て、それを理解する」という受容（＝インプット）練習だけでなく、「和訳を見て、英語表現を再現する」という産出（＝アウトプット）練習も必ず行いましょう（「4技能

98：Roediger, H. L., Putnam, A. L., & Smith, M. A. (2011). Ten Benefits of Testing and Their Applications to Educational Practice. In J. Mestre & B. Ross (Eds.), *Psychology of Learning and Motivation: Cognition in Education* (pp. 1–36). Elsevier.

同時学習法」のステップ5に相当します）。すでに述べた通り、定型表現の中には、理解はできても、産出するのが難しいもの（例. tell a lie「うそをつく」、start an engine「エンジンをかける」、make a copy「コピーをとる」、take medicine「薬を飲む」）が多いからです。特に、コロケーションや慣習表現など、基本的な単語から構成されており、意味的透明性が高い定型表現に関しては、産出練習が欠かせません。

ただし、イディオムに関しては、リスニングやリーディングの際に意味が理解できれば十分であるため、産出練習はしなくても構いません。例えば、kick the bucket という表現を知らなくても、die, pass away などの表現を使えば、ほぼ同じ意味を伝えられます。

例文暗唱や「英借文」も効果的

熟語集で学習する際には、定型表現が含まれた例文を暗唱するのも効果的です[99]。暗記した英文の文法的枠組みや定型表現は維持したまま、主語や目的語などを別の単語に置き換えること（英作文ならぬ「英借文」と言われます）で、自然な英文を生み出せます[100]。

英語に自信がある方には、以下の洋書もお薦めです。

99：Ding, Y. (2007). Text memorization and imitation: The practices of successful Chinese learners of English. *System, 35*, 271-280.
100：新谷奈津子. (2022). 第8章ライティングの学習. 中田達也・鈴木祐一（編）『英語学習の科学』(pp. 131-147). 研究社.

English Collocations in Use シリーズ
 （Cambridge University Press）
Using Collocations for Natural English
 （Delta Publishing）
Key Words for Fluency
 （Cengage）

　和訳が付属していないため、「和訳を見て、元の英語表現を再現する」という練習には向いていませんが、いずれも定型表現の学習に適したすぐれた教材です（English Collocations in Use: Intermediate は『ケンブリッジ実用コロケーション 中級編』という日英バイリンガル版も出版されています）。

web サイトの活用

　定型表現の中でも、コロケーションに関しては多くの辞典が出版されています。例えば、『プログレッシブ英語コロケーション辞典』（小学館）で management を引くと、以下のコロケーションが和訳付きで掲載されています。

形容詞／名詞 + **management**：
　effective, good, poor, middle, senior, top, business, financial, personnel, crisis, risk, data, information
その他：
　under new management, management and labor

　「中間管理職」を英語で表現したいが、どのようなコ

ロケーションを使ったら良いかわからないという場合には、コロケーション辞典が活用できます（ちなみに、「中間管理職」はmiddle managementです）。コロケーションを学習する上では、ある単語を含むコロケーションを一度に多く学習した方が良いことが研究から示唆されています。[101]例えば、managementを含むコロケーションを一度に6個学習した方が、3個のみ学習するよりも記憶に定着しやすいということです。この研究結果を考えると、コロケーション辞典を活用してある単語を含む多くのコロケーションに触れるのは効果的です。

しかし、紙の書籍では紙幅の制限があるため、あらゆるコロケーションが掲載されているわけではありません。そのため、紙の書籍に加えて、webサイトを活用するのも良いでしょう。定型表現の学習に役立つwebサイトを以下に紹介します。

Just the Word

Just the Wordは、コロケーションを調べる際に有益なwebサイトです（http://www.just-the-word.com/、無料）。例えば、検索ボックスにmanagementと入力し、combinationsボタンを押すと、次ページのようなコロケーションが表示されます。

101：Webb, S. A., & Kagimoto, E. (2011). Learning Collocations: Do the Number of Collocates, Position of the Node Word, and Synonymy Affect Learning? *Applied Linguistics, 32,* 259–276.

ADJ *management*

cluster 1
effective management (112)
efficient management (46)
professional management (30)
successful management (22)

cluster 2
careful management (36)
prudent management (16)
sound management (19)

cluster 3
central management (38)
middle management (71)

cluster 4
bad management (32)
poor management (47)

cluster 5
economic management (69)
financial management (210)

cluster 6
general management (99)
overall management (35)

cluster 7
good management (194)
proper management (28)

unclustered
Senior management (51)
clinical management (19)
corporate management (47)
day-to-day management (43)
departmental management (14)
discretionary management (18)
environmental management (79)
executive management (19)
existing management (25)
improved management (21)
institutional management (25)
integrated management (20)
internal management (32)
junior management (14)
local management (159)
macroeconomic management (12)
operational management (13)
scientific management (42)
senior management (325)

一番上の"ADJ management"とは、managementの前にどのような形容詞（Adjectives）が来るかを示しています。右隣のバーが長ければ長いほど、その組み合わせが一般的なコロケーションであることを示します。出力結果を見ると、effective management（効果的な管理、運用）、financial management（財務管理）、middle management（中間管理職）、senior management（上級管理職）などのコロケーションが一般的だとわかります。

　いずれかの表現をクリックすると、さらに詳しい用例が表示できます。例えば、middle managementをクリックすると、以下の用例が表示されます。

```
[ alternatives from thesaurus ]   [ alternatives from learner errors ]

ence, I attended a  middle  management course at the national P
rowing faster than  middle  management's.
        Few  middle  management have direct experience o
particular hitting  middle  management, not just middle-income
  lateral moves in  middle  management and gained much generic
  employees rise to  middle  management and 'fade', while others
ience of senior and  middle  management leading from the front i
uctures with fewer  middle  management 'facilitators' and more
ience a shortage of  middle  management.
elected senior and  middle  management and staff of their paren
at the senior, the  middle  management staff will propose the
 of many layers of  middle  management has been to transmit inf
nd there is little  middle  management.
nd one without any  middle  management at all, is the British c
dle-aged people in  middle  management who tend to be the least
ties to move into  middle  management, their motivation must c
ea originator, (2)  middle  management, and (3) across organiza
first-line or even  middle  management would necessarily have t
om were members of  middle  management, after the Deputy Head,
KITS now has weak  middle  management and poor internal commun
tion of senior and  middle  management.
```

　上の検索結果から、rise to middle management（中間管理職に昇進する）、a shortage of middle management（中間管理職の不足）、middle-aged people in middle management（中年の中間管理職）、weak middle management（脆弱な中間管理職）などの興味深い用例が見つかりました。

Just the Word の alternatives 機能を使うと、特定の
コロケーションが一般的かどうかを調べられます。例
えば、「連絡をとる」を英語にしたいとします。日本
語を直訳して、take contact と言って良いでしょうか？
検索ボックスに take contact と入力し、真ん中の
alternatives from thesaurus ボタンを押しましょう。

jtw Help Home

| take contact | | combinations | alternatives from thesaurus | alternativ |

すると、以下の結果が表示されます（実際の画面では
赤と緑のバーで表示される）。

take contact

replacing *take* in 'take contact'

take contact (8)	
make contact (707)	
please contact (144)	
have contact (544)	
establish contact (81)	

replacing *contact* in 'take contact'

take contact (8)	
take communion (15)	
take factor (107)	
take knock (54)	

take contact

replacing *take* in 'take contact', e.g. make

replacing *contact* in 'take contact', e.g. tak

phrase (nn) nn is the frequency of usage
■ Good Word Combinations
■ Bad Word Combinations
■ Similarity of meaning
.word - Means singular noun only

右側の説明を見ると、赤いバーは Bad Word
Combinations（不適切な組み合わせ）、緑のバーは Good
Word Combinations（適切な組み合わせ）を示す、とあり
ます。take contact は赤いバー、make contact は緑の
バーで表示されています。そのため、take contact は
一般的な表現ではなく、代わりに make contact を使え

ば良いことがわかります（『例題で学ぶ英語コロケーション』研究社）。

　前ページの画面でmake contactという文字列をクリックすると、次のように実際の用例を確認できます。

```
              See if you can make contact with it, this magical thi
and believe they are not making audience contact early enough;
  to write constantly and make contacts everywhere and you will
sary if you have already made some professional contact?
ntioned, I was unable to make contact with Mr Mint, a letter ac
ld be pleased for you to make contact with Mr Mint, a letter ac
e area as your technique makes contact.
r, most roundhouse kicks make contact with the side of the head
uide, seated in the snow making radio contact with the hut.
nd intuition can somehow make contact with the aesthetic qualit
 a war criminal, and had make contact with Count Tolstoy, autho
nknown and he has yet to make contact with Ferranti's advisers.
                      He makes contacts with Eritrean represent
era, though not actually making contact, and the verdict could
rs have found difficulty making contact with FBI agents, althou
l, Antonov could not even make contact with subversive elements
spatch of newspapers and made no personal contacts to follow th
ity for setting up jobs, making initial contacts, specifying wo
eople everyday until you make contact and you get some feedback
fore you start trying to make contact with the press, try to fi
ead regularly and try to make contact by letter or telephone.
one of the A&R team will make contact with the artist, assuming
       Malcolm also made that contact when he and Bernie w
eemed as though they had made contact with, and destroyed the m
he provinces had already made contact with the biggest opposi ti
 again when Quinn's boot made accidental contact with his face.
 again when Quinn's boot made accidental contact with his face.
anama, Mr John Bushnell, made discreet contact with Mr Guillerm
 has started, it may not make contact except with officials unt
g back through snorkels, making eye contact, and responding to
```

　上の出力結果を見ると、「〜と連絡をとる」と言いたい時には、make contact with ... と、前置詞withを使えば良いことがわかります。その他にも、make eye contact with ...（〜とアイコンタクトをとる）、make no contact with ...（〜と連絡をとらない）、make accidental contact with his face（彼の顔に偶然ぶつかる）などの興味深い用例が見つかりました。

　同じような要領で、次の表現が正しいかどうか、**Just the Word**を使って確認しましょう。正しくない場合は、代わりにどのような表現を使えば良いかも調べて

くだ さい。

> （1） 高い給料 expensive salary
> （2） 熱い戦い hot battle
> （3） 弱い雨 weak rain

【解答】

> （1） 高い給料 expensive salary

　expensive salaryを検索すると、以下の画面が出てきます（一番左のcombinationsボタンではなく、真ん中のalternatives from thesaurusボタンを押すことに注意してください）。

expensive salary

replacing *salary* in 'expensive salary'

expensive salary (0)	▬

replacing *expensive* in 'expensive salary'

expensive salary (0)	▬
high salary (65)	▬▬▬▬▬▬▬
top salary (12)	▬▬▬

　上の画面から、「高い給料」はexpensive salaryよりも high salaryが適切だとわかります。『ウィズダム英和辞典』（三省堂）には、「highはprice, cost, tax, salary, charge, rate, fee, fare, rent, stakesなど、『価格』の意を含む名詞」と用いる一方、expensiveは「すでに『価格』の意を含むので、通例物・事、時に人を表す名詞と用いる」とあります。expensiveは「価格が高い」という意味なので、「価格」の意味がすでに含まれるsalaryとの相性は良くないようです。expensive salary

と言うと、「馬から落馬した」「冷たいアイスコーヒー」のようにくどい印象を与えてしまうのでしょう。

（2）熱い戦い hot battle

「熱い戦い」を直訳したhot battleは赤いバーで表示されるため、一般的ではない表現です。[102] 代わりに、「激しい戦い」という意味のbitter battleまたはfierce battleを用いれば良いことがわかります。

hot battle

replacing *hot* in 'hot battle'

hot battle (0)	▬▬▬
bitter battle (36)	▬▬▬
fierce battle (33)	▬▬▬

replacing *battle* in 'hot battle'

hot battle (0)	▬▬▬

（3）弱い雨 weak rain

---

weak rainは赤いバーで表示されるため、一般的ではない表現です。[103] 代わりに、soft rain, light rainが適切だとわかります。

102：Wolter, B., & Yamashita, J. (2018). Word Frequency, Collocational Frequency, L1 Congruency, and Proficiency in L2 Collocational Processing: What Accounts for L2 Performance? *Studies in Second Language Acquisition*, *40*, 395–416.

103：Wolter, B., & Yamashita, J. (2018). Word Frequency, Collocational Frequency, L1 Congruency, and Proficiency in L2 Collocational Processing: What Accounts for L2 Performance? *Studies in Second Language Acquisition*, *40*, 395–416.

weak rain

replacing *weak* in 'weak rain'

weak rain (0)	▬
soft rain (12)	▬
light rain (28)	▬▬▬

replacing *rain* in 'weak rain'

weak rain (0)	▬

　Just the Wordはとても便利なwebサイトですが、注意点もあります。それは、赤いバーで表示される表現の中にも、文脈によっては正しい場合もある点です。例えば、「あのレストランの予約をとりたい」という際に、take a reservationと言えるかを調べたいとします。検索ボックスにtake reservationと入力し、alternatives from thesaurusボタンを押すと、以下の結果が表示されます。

take reservation

replacing *take* in 'take reservation'

take reservation (6)	▬▬▬
make reservation (47)	▬▬
have reservation (196)	▬▬▬

replacing *reservation* in 'take reservation'

take reservation (6)	▬▬
take lease (47)	▬
take call (139)	▬▬

　take reservationは赤、make reservationは緑色で表示されるため、「予約をとる」はmake a reservationが適切だとわかります。

しかし、文脈によっては take a reservation が使える場合もあります。それは、「店の予約をとる」ではなく、「店が予約をとる」という場合です。例えば、We will gladly take reservations for parties of 6 or more.（iWebコーパスより）だと、「6人以上の団体様のご予約も喜んでおとりします」という意味です。

　アメリカのテレビ番組『Seinfeld』（となりのサインフェルド）では、take a reservation というコロケーションを使った以下のやりとりがあります（シーズン3エピソード11）。

Agent: I'm sorry, we have no mid-size available at the moment.

（申し訳ございません。中型車は現在ご用意できません）

Jerry: I don't understand, I made a reservation, do you have my reservation?

（どうして？予約したんだよ。してあるよね？）

Agent: Yes, we do, unfortunately we ran out of cars.

（はい、確かにお受けしましたが、あいにく車が出払っているんです）

Jerry: But the reservation keeps the car here. That's why you have the reservation.

（でも、予約をとったら、車をおさえておくものでしょ？それが予約ってものでしょ？）

Agent: I know why we have reservations.

（はい、それは承知しております）

Jerry: I don't think you do. If you did, I'd have a car. See, you know how to take the reservation, you just don't know how to *hold* the reservation and that's really the most important part of the reservation, the holding.

レンタカー会社がtake the reservationした（＝予約
を受け付けた）にもかかわらず、hold the reservationし
なかった（＝車をおさえておかなかった）ために、運転で
きる車がないと不満を述べている場面です。

Just the Wordの先ほどの画面でmake reservationを
クリックすると、以下のように実際の用例を確認でき
ます。

```
estaurant's interior and make and confirm reservations.
                  But having made that reservation I would like to press the analo
      If you wish to make a reservation for 10 or more people, contact you
                  Please to Make a Reservation
ts are concerned I would make one reservation which is that there has to be so
y must have some doubts, made some mental reservations to the creed they so co
   governmental statements makes an important reservation in this context, howeve
   the only signatories to make the explicit reservation `that the new rules int
nd local restaurants and make reservations.
                  I'll make a reservation for him for Friday night.
le to ring the centre to make a reservation and calls will be charged at the l
up from guests who have made reservations in advance, it will not show `chanc
   and registering guests, making reservations, dealing with enquiries and maint
ts only apply if you are making your reservations through the Brighton Accommo
                  To make a reservation phone us on 081-460 3188.
   to clients who have not made a reservation for this service at the time of bo
   hotels you stay in will make your next night's reservation for you completely
op and the hotelier will make an onward reservation for you, free of charge.
ench, unless a party has made a reservation under Article 33 excluding the use
racting States which had made the Reservation under Article 23 to withdraw it,
      But he said he would, making a mental reservation that at any rate he would
on Contracting States to make reservations excluding the second form of connec
ting State which has not make such a reservation is unclear.
avel, but if you wish to make seat reservations or book sleepers, you must arr
      as the restrictions upon making reservations to the former.
                  `I'm busy making reservations for Mr Reece-Carlton's trip to An
```

上の出力結果を見ると、reservationが「予約」以
外の意味で使われている用例も含まれていることがわ
かります（reservationには「予約」以外にも、「保留」「ただ
し書き」「心配」などの意味もあります）。

つまり、「take a reservationが赤いバーで表示されていても、文脈によっては使用できることがある」「make a reservationのヒット数が多くても、『予約をとる』以外の意味で使用されている用例もヒット数に含まれている」ということです。**Just the Word**でコロケーションを検索する際には、バーの色（赤か緑）や用例のヒット数だけでなく、実際の用例も必ず確認しましょう。

Sketch Engine

Just the Wordに加えて、**Sketch Engine**もコロケーション検索に便利なwebサイトです（https://www.sketchengine.eu/、一部有料）。**Sketch Engine**のSkELL（https://skell.sketchengine.eu/）でmanagementを検索し、Word sketchボタンを押すと、以下の結果が出力されます。

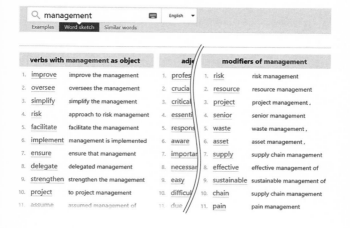

この出力結果から、managementを目的語としてとることが多い動詞（例. improve, oversee, simplify）や、managementを修飾することが多い単語（例. risk, resource, project）が読み取れます。例えば、modifiers of management（managementの修飾語）の列を見ると、risk management（リスク管理）、resource management（資源管理）、project management（プロジェクト管理）、senior management（上級管理職）、waste management（廃棄物処理）などの表現が一般的だとわかります。

　任意の単語をクリックすると、その表現を含む用例を表示できます。例えば、以下はrisk managementを含む用例です。

English-Corpora.org

　English-Corpora.orgは、様々なコーパスが検索できるwebサイトです（無料で使用できますが、会員登録が必要です。また、無料会員だと検索できる回数に制限がありま

174

す）。コーパスとは、ある目的のために体系的に収集された電子テキストのことです。**English-Corpora.org**では、アメリカ英語のコーパスである**Corpus of Contemporary American English**（COCA）、イギリス英語のコーパスである**British National Corpus**（BNC）、テレビ番組から作成された**The TV Corpus**、映画のセリフが収録された**The Movie Corpus**などが利用できます。珍しいものでは、新型コロナウイルスに関する新聞・雑誌記事から作成された**The Coronavirus Corpus**も用意されています。

例えば、**The Coronavirus Corpus** で management を含む形容詞＋名詞コロケーションを検索すると、以下の結果が表示されます。

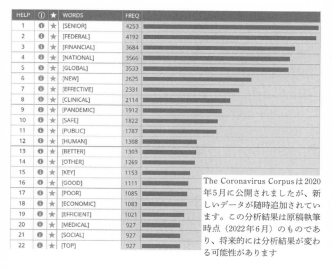

HELP	①	★	WORDS	FREQ	
1	①	★	[SENIOR]	4253	
2	①	★	[FEDERAL]	4192	
3	①	★	[FINANCIAL]	3684	
4	①	★	[NATIONAL]	3566	
5	①	★	[GLOBAL]	3533	
6	①	★	[NEW]	2625	
7	①	★	[EFFECTIVE]	2331	
8	①	★	[CLINICAL]	2114	
9	①	★	[PANDEMIC]	1912	
10	①	★	[SAFE]	1822	
11	①	★	[PUBLIC]	1787	
12	①	★	[HUMAN]	1308	
13	①	★	[BETTER]	1303	
14	①	★	[OTHER]	1269	
15	①	★	[KEY]	1153	
16	①	★	[GOOD]	1111	
17	①	★	[POOR]	1085	
18	①	★	[ECONOMIC]	1083	
19	①	★	[EFFICIENT]	1021	
20	①	★	[MEDICAL]	927	
21	①	★	[SOCIAL]	927	
22	①	★	[TOP]	927	

The Coronavirus Corpus は 2020 年 5 月に公開されましたが、新しいデータが随時追加されています。この分析結果は原稿執筆時点（2022 年 6 月）のものであり、将来的には分析結果が変わる可能性があります

senior management（上級管理職）、financial management
（財務管理）、effective management（効果的な管理、運用）
などのコロケーションは、Just the Wordでも上位にラ
ンクインしていました。一方で、clinical management
（臨床管理）、pandemic management（パンデミック管理）、
medical management（医療管理）など、新型コロナウ
イルスに関連したコロケーションが上位に入っている
こともわかります。

Global Web-Based English（GloWbE）

English-Corpora.org には Global Web-Based English
（**GloWbE**; https://www.english-corpora.org/glowbe/）という世
界英語のコーパスも用意されています。**GloWbE** は、
アメリカ・カナダ・イギリス・オーストラリア・ニュ
ージーランドに加えて、インド・シンガポール・フィ
リピン・香港・南アフリカなど、計20の地域のデー
タが収録されています。

　GloWbE は、ある表現がどのような地域で使用され
ているかを比較する際に有益です。例えば、**GloWbE**
で「Chart」というタブをクリックし、right off the bat
（バットから離れてすぐに→ただちに、すぐさま）を検索し
てみましょう。

　すると、次ペ
ージの結果が表
示されます。

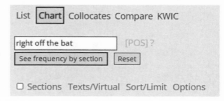

United States	529	386.8	1.37	████████████████████████████
Canada	201	134.8	1.49	██████████████████████████████
Great Britain	146	387.6	0.38	██████
Ireland	27	101.0	0.27	█████
Australia	65	148.2	0.44	████████
New Zealand	35	81.4	0.43	████████
India	24	96.4	0.25	████
Sri Lanka	8	46.6	0.17	███
Pakistan	7	51.4	0.14	██
Bangladesh	16	39.5	0.41	███████
Singapore	39	43.0	0.91	█████████████████
Malaysia	16	41.6	0.38	███████

　上のグラフは、それぞれの地域において、right off the bat という表現がどのくらいの頻度で用いられているかを示しています。バーが長ければ長いほど、この表現の使用頻度が高いことを示します。

　上のグラフを見ると、right off the bat はアメリカ・カナダでの使用頻度が高い一方で、イギリス・オーストラリア・ニュージーランドなどではあまり用いられないことがわかります。right off the bat は野球に関連するイディオムであるため、野球が盛んな北米で使用されることが多いようです。

　一方で、own goal「オウンゴール、自業自得の失敗」の使用頻度は、次ページのようになりました。

　own goal はイギリス・アイルランド・ナイジェリア・ガーナ・ケニアなどでの使用頻度が高い一方で、アメリカ・カナダではあまり用いられないようです。北米ではサッカー人気があまり高くないことと関連しているのかもしれません。

United States	249	386.8	0.64	
Canada	120	134.8	0.89	
Great Britain	1,013	387.6	2.61	
Ireland	194	101.0	1.92	
Australia	179	148.2	1.21	
New Zealand	104	81.4	1.28	
India	81	96.4	0.84	
Sri Lanka	32	46.6	0.69	
Pakistan	52	51.4	1.01	
Bangladesh	43	39.5	1.09	
Singapore	41	43.0	0.95	
Malaysia	60	41.6	1.44	
Philippines	40	43.2	0.92	
Hong Kong	30	40.5	0.74	
South Africa	61	45.4	1.34	
Nigeria	89	42.6	2.09	
Ghana	84	38.8	2.17	
Kenya	78	41.1	1.90	
Tanzania	42	35.2	1.19	
Jamaica	53	39.6	1.34	

Corpus of Contemporary American English (COCA)

English-Corpora.org には様々なコーパスが用意され
ていますが、最も有用なのはアメリカ英語のコーパス
である Corpus of Contemporary American English
(COCA) でしょう。COCA（https://www.english-corpora.org/
coca/）にアクセスし、Word タブをクリックしてから
任意の単語を入力すると、その単語を含むコロケーシ
ョンや定型表現が検索できます。

　例えば、COCA で Word タブをクリックしてから cause
と入力・検索すると、次ページの結果が表示されます。

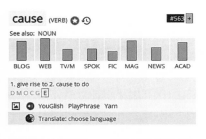

COLLOCATES というセクションには、cause を含む一般的なコロケーションが表示されています。COLLOCATES（more）と書かれているエリアをクリックすると、次ページのようにさらに詳しい情報が表示されます。

次ページの表は、動詞 cause とともに用いられることが多い名詞のリストです。表を見ると、動詞 cause の目的語として用いられることが多い名詞には、problem（問題）、damage（損害）、death（死）、pain（痛

み)、disease（病気）、harm
（害)、trouble（問題)、cancer
（がん)、injury（傷害)、loss
（損失)、 infection （感染)、
accident（事故)、stress（ス
トレス)、illness（病気） が
あることがわかります。こ
の結果から、causeは主に
「望ましくないことを引き
起こす」という文脈で使わ
れ、否定的なニュアンス
（専門用語では、「意味的韻律」
semantic prosodyと言います)
を持っていることが読み取

+ NOUN		NEW WORD	?
7619	3.46	problem	▤
5725	6.11	damage	▤
3275	3.35	death	▤
3097	4.47	pain	▤
2663	4.12	disease	▤
2461	6.33	harm	▤
2397	4.16	trouble	▤
2178	2.53	change	▤
1929	3.91	cancer	▤
1877	4.49	injury	▤
1659	3.40	loss	▤
1553	2.37	effect	▤
1233	4.77	infection	▤
1080	3.90	accident	▤
1077	4.08	stress	▤
1018	4.57	virus	▤
1014	2.88	brain	▤
963	2.29	condition	▤
928	4.37	illness	▤
901	2.25	blood	

れます。なお、『コンパスローズ英和辞典』（研究社)・
『ウィズダム英和辞典』（三省堂)・『オーレックス英和
辞典』（旺文社）など一部の辞書では、causeは「主に
良くないことに用いる」などと明記されています。

　副詞utterly（まったく、すっかり) も、ridiculous（ば
かげた)、useless（役に立たない)、wrong（間違ってい
る)、impossible（不可能な)、false（誤った)、incapable
（無能な）などの形容詞を修飾することが多く、主に否
定的な意味合いで使われます。一方で、provide（～を
提供する) は information （情報)、service（サービス)、
support（援助)、help（助け）などの有益な名詞を主に
目的語にとり、肯定的な語感があります。[104]

COCAではコロケーションに限らない、他の定型表現も検索できます。**COCA**でWordタブをクリックしてからroundと入力し、検索してみましょう。

　一番下のclustersというセクションには、roundを含む定型表現がまとまっています。CLUSTERS (more) と書かれているエリアをクリックすると、次ページのようにさらに詳しい情報が表示されます。

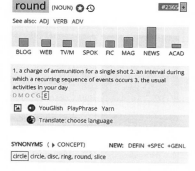

CLUSTERS (more)	
round ▪	round in ▪ rounds in ▪ rounds at ▪ rounds with ▪ rounds on ▪ round by ▪ round at ▪ round with
▪ round	first round ▪ second round ▪ next round ▪ final round ▪ third round ▪ two rounds ▪ new round ▪ three rounds
round ▪ ▪	round of applause ▪ round of golf ▪ rounds of ammunition ▪ round of talks ▪ round of drinks ▪ round of negotiations ▪ rounds of golf ▪ round of funding
▪ ▪ round	making the rounds ▪ made the rounds ▪ for another round ▪ in first round ▪ first two rounds ▪ make the rounds ▪ yet another round ▪ in the round
round ▪ ▪ ▪	round of the playoffs ▪ round of applause for ▪ round of the ncaa ▪ round of the class ▪ round of the draft ▪ round of quantitative easing ▪ round of golf with ▪ round of the nba
▪ ▪ ▪ round	in the first round ▪ in the second round ▪ in the third round ▪ in the final round ▪ in the next round ▪ to the next round ▪ for the next round ▪ in the fourth round

104：Stubbs, M. (2002). *Words and Phrases: Corpus Studies of Lexical Semantics*. Blackwell.

うコーパスが便利です。**COHA**で Chart タブをクリックし、at the end of the day を検索します。すると、次の結果が表示されます。

SECTION (CN (SEE ALL SE	FREQ	SIZE (M)	PER MIL	CLICK FOR CONTEXT (SEE ALL)
1820	0	7.0	0.00	
1830	1	13.7	0.07	▌
1840	3	15.8	0.19	▐
1850	3	16.5	0.18	▐
1860	2	16.9	0.12	▌
1870	5	18.8	0.27	▐▌
1880	5	20.1	0.25	▐▌
1890	7	20.4	0.34	▐▌
1900	18	22.0	0.82	▐▐▐
1910	16	23.1	0.69	▐▐▌
1920	22	25.7	0.86	▐▐▐
1930	21	27.7	0.76	▐▐▐
1940	26	27.4	0.95	▐▐▐
1950	41	28.7	1.43	▐▐▐▐▌
1960	32	29.1	1.10	▐▐▐▐
1970	31	28.8	1.08	▐▐▐▐
1980	46	29.9	1.54	▐▐▐▐▌
1990	109	33.1	3.29	▐▐▐▐▐▐▐▐▐
2000	187	34.8	5.37	▐▐▐▐▐▐▐▐▐▐▐▐▐▐
2010	240	35.5	6.77	▐▐▐▐▐▐▐▐▐▐▐▐▐▐▐▐▐
TOTAL	815			SEE ALL TOKENS

1820年代〜2010年代という長いスパンで見ても、at the end of the day の使用頻度が増加傾向にあることが上の表からうかがえます。

ワイルドカード検索

English-Corpora.org ではさらに、「ワイルドカード検索」も可能です。ワイルドカード検索とは、不明な語や文字の代わりにアスタリスク（＊）などを入れる

ことで、そこにどんな語や文字が入るのかを検索する方法です。

　例えば、point of viewは「観点」という意味の定型表現です。from my point of viewというと、「私の観点からは、私の見るところ」という意味です。この定型表現は、from a political point of view（政治的な見地からすれば）、from an educational point of view（教育的見地からすれば）、from an academic point of view（学問的見地からすれば）のように、point of viewの前に様々な形容詞を挿入できます。他にもどんな形容詞が使えるのか、**English-Corpora.org**で調べましょう。

　具体的には、ワイルドカードの＊（アスタリスク）を用いて、from a ＊ point of viewと入力して検索します。

すると、次ページの結果が表示されます。

　次ページの結果から、from a different point of view（異なる見地からすれば）、from a practical point of view（実用的な見地からすれば）、from a political point of view（政治的な見地からすれば）、from a legal point of view（法的な見地からすれば）などの用例が見つかりました。ワイルドカードの＊が、different, practical, political, legalなど、様々な単語の代わりをしていることがわかりま

HELP	ⓘ	★	ALL FORMS (SAMPLE): 100 200 500 WORDS	FREQ
1	ⓘ	★	FROM A DIFFERENT POINT OF VIEW	65
2	ⓘ	★	FROM A PRACTICAL POINT OF VIEW	57
3	ⓘ	★	FROM A POLITICAL POINT OF VIEW	54
4	ⓘ	★	FROM A SCIENTIFIC POINT OF VIEW	46
5	ⓘ	★	FROM A BUSINESS POINT OF VIEW	44
6	ⓘ	★	FROM A LEGAL POINT OF VIEW	43
7	ⓘ	★	FROM A CERTAIN POINT OF VIEW	35
8	ⓘ	★	FROM A MORAL POINT OF VIEW	29
9	ⓘ	★	FROM A TECHNICAL POINT OF VIEW	28
10	ⓘ	★	FROM A FINANCIAL POINT OF VIEW	25
11	ⓘ	★	FROM A MILITARY POINT OF VIEW	25
12	ⓘ	★	FROM A MEDICAL POINT OF VIEW	23
13	ⓘ	★	FROM A STRATEGIC POINT OF VIEW	23
14	ⓘ	★	FROM A PERSONAL POINT OF VIEW	22
15	ⓘ	★	FROM A PSYCHOLOGICAL POINT OF VIEW	21
16	ⓘ	★	FROM A SECURITY POINT OF VIEW	20
17	ⓘ	★	FROM A HISTORICAL POINT OF VIEW	18
18	ⓘ	★	FROM A HUMAN POINT OF VIEW	18
19	ⓘ	★	FROM A THEORETICAL POINT OF VIEW	18
20	ⓘ	★	FROM A MARKETING POINT OF VIEW	16
21	ⓘ	★	FROM A CLINICAL POINT OF VIEW	15
22	ⓘ	★	FROM A RELIGIOUS POINT OF VIEW	15
23	ⓘ	★	FROM A PRAGMATIC POINT OF VIEW	13
24	ⓘ	★	FROM A LOGICAL POINT OF VIEW	12
25	ⓘ	★	FROM A PROFESSIONAL POINT OF VIEW	12

https://www.english-corpora.org/coca/ より

す。なお、「ワイルドカード」とは、トランプにおいてあらゆるカードの代わりができる万能カードを指します（通常はジョーカーが該当します）。＊があらゆる単語を代用できるため、「ワイルドカード検索」と呼ばれています。「この定型表現はどのような語と一緒に使えば良いかわからない」という場合には、ワイルドカード検索が便利です。

しかし、先ほどの検索例では、from an academic point of viewや、from an educational point of viewのように、冠詞anが使われている用例はヒットしていま

せん。冠詞のaとanの用例を同時に検索したい場合は、from a|an * point of viewと入力して検索しましょう。a|anはOR検索と呼ばれるもので、「aかanのいずれか」を意味します（OR検索に使用する縦棒|は「パイプ」と呼ばれるため、「パイプ検索」と言うこともあります）。from a|an * point of viewと入力して検索すると、fromの後にaが来る用例とanが来る用例を同時に見つけられます。

from a|an * point of viewで検索した結果を以下に示します。

HELP	①	★	ALL FORMS (SAMPLE) : 100 200 500 WORDS	FREQ
1	①	★	FROM A DIFFERENT POINT OF VIEW	65
2	①	★	FROM A PRACTICAL POINT OF VIEW	57
3	①	★	FROM A POLITICAL POINT OF VIEW	54
4	①	★	FROM AN ECONOMIC POINT OF VIEW	47
5	①	★	FROM A SCIENTIFIC POINT OF VIEW	46
6	①	★	FROM A BUSINESS POINT OF VIEW	44
7	①	★	FROM A LEGAL POINT OF VIEW	43
8	①	★	FROM A CERTAIN POINT OF VIEW	35
9	①	★	FROM A MORAL POINT OF VIEW	29
10	①	★	FROM A TECHNICAL POINT OF VIEW	28
11	①	★	FROM AN EVOLUTIONARY POINT OF VIEW	27
12	①	★	FROM A FINANCIAL POINT OF VIEW	25
13	①	★	FROM A MILITARY POINT OF VIEW	25
14	①	★	FROM A MEDICAL POINT OF VIEW	23
15	①	★	FROM A STRATEGIC POINT OF VIEW	23
16	①	★	FROM AN AMERICAN POINT OF VIEW	23
17	①	★	FROM A PERSONAL POINT OF VIEW	22
18	①	★	FROM A PSYCHOLOGICAL POINT OF VIEW	21
19	①	★	FROM A SECURITY POINT OF VIEW	20
20	①	★	FROM A HISTORICAL POINT OF VIEW	18
21	①	★	FROM A HUMAN POINT OF VIEW	18
22	①	★	FROM A THEORETICAL POINT OF VIEW	18
23	①	★	FROM A MARKETING POINT OF VIEW	16
24	①	★	FROM A CLINICAL POINT OF VIEW	15
25	①	★	FROM A RELIGIOUS POINT OF VIEW	15

https://www.english-corpora.org/coca/ より

a | an という OR 検索をしたことで、from a different point of view, from a practical point of view など、from の後にaが用いられている用例に加えて、from an economic point of view（経済的見地からすれば）、from an evolutionary point of view（進化論的な見地からすれば）、from an American point of view（アメリカの観点からすれば）など、an が用いられている用例もヒットしました。

品詞指定検索

　English-Corpora.org では、品詞を指定した検索もできます。例えば、have respect for ... は「〜を尊敬している」という意味の定型表現です。この表現では、have great / tremendous / huge respect for ... のように、respectの前に様々な形容詞を挿入できます。**English-Corpora.org** を使用して、他にもどのような形容詞が使えるか、調べましょう。具体的には、have ADJ respect for と入力して検索します（ADJは adjective の略で、形容詞を指します）。

　検索結果（次ページ・左）から、great, tremendous, enormous, huge, total などの形容詞が使えることがわかりました。しかし、この検索結果では原形のhave しかヒットしておらず、has, had, having などの活用形は含まれていません。

　haveの活用形も含めて検索するには、haveを［ ］でくくって、[have] ADJ respect for と入力して検索します。[have] ADJ respect for の検索結果を次ページの右

have ADJ respect for の 検索結果

HELP	(i)	★	ALL FORMS (SAMPLE): 100 200 500	FREQ
1	ⓘ	★	HAVE GREAT RESPECT FOR	334
2	ⓘ	★	HAVE TREMENDOUS RESPECT FOR	66
3	ⓘ	★	HAVE ENORMOUS RESPECT FOR	52
4	ⓘ	★	HAVE HUGE RESPECT FOR	11
5	ⓘ	★	HAVE TOTAL RESPECT FOR	10
6	ⓘ	★	HAVE GREATER RESPECT FOR	9
7	ⓘ	★	HAVE HIGH RESPECT FOR	8
8	ⓘ	★	HAVE COMPLETE RESPECT FOR	8
9	ⓘ	★	HAVE UTMOST RESPECT FOR	7
10	ⓘ	★	HAVE FULL RESPECT FOR	6
11	ⓘ	★	HAVE MAD RESPECT FOR	6
12	ⓘ	★	HAVE NEWFOUND RESPECT FOR	6
13	ⓘ	★	HAVE IMMENSE RESPECT FOR	5
14	ⓘ	★	HAVE PROPER RESPECT FOR	5
15	ⓘ	★	HAVE MUTUAL RESPECT FOR	5
16	ⓘ	★	HAVE DEEP RESPECT FOR	4
17	ⓘ	★	HAVE NEW RESPECT FOR	4
18	ⓘ	★	HAVE PROFOUND RESPECT FOR	4
19	ⓘ	★	HAVE INCREDIBLE RESPECT FOR	3
20	ⓘ	★	HAVE EXTRAORDINARY RESPECT FOR	3
21	ⓘ	★	HAVE BOUNDLESS RESPECT FOR	2
22	ⓘ	★	HAVE ENDLESS RESPECT FOR	2
23	ⓘ	★	HAVE CONSIDERABLE RESPECT FOR	2
24	ⓘ	★	HAVE MASSIVE RESPECT FOR	2
25	ⓘ	★	HAVE REAL RESPECT FOR	2

[have] ADJ respect for の 検索結果

ALL FORMS (SAMPLE): 100 200 500	FREQ
HAVE GREAT RESPECT FOR	334
HAVE TREMENDOUS RESPECT FOR	66
HAD GREAT RESPECT FOR	57
HAVE ENORMOUS RESPECT FOR	52
HAS GREAT RESPECT FOR	28
HAS ENORMOUS RESPECT FOR	13
HAVE HUGE RESPECT FOR	11
HAVE TOTAL RESPECT FOR	10
HAD ENORMOUS RESPECT FOR	10
HAVE GREATER RESPECT FOR	9
HAVE COMPLETE RESPECT FOR	8
HAVE HIGH RESPECT FOR	8
HAVE UTMOST RESPECT FOR	7
HAVE FULL RESPECT FOR	6
HAVE MAD RESPECT FOR	6
HAVE NEWFOUND RESPECT FOR	6
HAVE IMMENSE RESPECT FOR	5
HAVE MUTUAL RESPECT FOR	5
HAVE PROPER RESPECT FOR	5
HAD TREMENDOUS RESPECT FOR	5
HAS HUGE RESPECT FOR	5
HAVE DEEP RESPECT FOR	4
HAS TOTAL RESPECT FOR	4
HAVE NEW RESPECT FOR	4
HAVE PROFOUND RESPECT FOR	4

https://www.english-corpora.org/coca/より

に示します。

　have + 形容詞 + respect for に加えて、<u>had</u> + 形容詞 + respect for, <u>has</u> + 形容詞 + respect for など、have の活用形もヒットしています。ワイルドカード、OR検索、品詞指定、活用形検索などの機能を使うことで、定型表現に関する様々な情報が得られます。

類義語検索

　English-Corpora.org ではさらに、類義語（似た意味

の単語）を探すこともできます。例えば、「重要な役割」
はimportant roleですが、importantの他にどのような
形容詞が使えるでしょうか？　**English-Corpora.org**で、
=important［role］と入力して検索しましょう（=important
のように単語の前に＝をつけると、importantの類義語が検索
できます）。

　次ページ（左）の結果から、importantの他に、key,
significant, central, critical, vital, essential, influential,
mainなどの形容詞も使えることがわかりました。

　もう1つ例を挙げます。potentを辞書で引くと、「効
能のある、人を心服させる、説得力のある」と書かれ
ています。「説得力のある議論」という意味で、potent
argumentという表現を使えるでしょうか？　**English-
Corpora.org**で、=potent［argument］と入力して検索し
ましょう。

　次ページ（右）の検索結果から、potent argument(s)
という表現も可能ですが、strong argument(s),
convincing argument(s), powerful argument(s), persuasive
argument(s), effective argument(s)の方がより一般的
だとわかります。類義語検索は、表現にバリエーショ
ンを持たせたいときや、自分で考えた表現に自信がな
いときに便利です。

　English-Corpora.orgには他にも多くの便利な機能が
あります。詳細は、『英語教師のためのコーパス活用
ガイド』（大修館書店）や『研究社WEBマガジンLingua』

=important [role] の検索結果

HELP	ⓘ	★	ALL FORMS (SAMPLE): 100 200	FREQ
1	ⓘ	★	IMPORTANT ROLE	5318
2	ⓘ	★	KEY ROLE	2413
3	ⓘ	★	SIGNIFICANT ROLE	1666
4	ⓘ	★	CENTRAL ROLE	1537
5	ⓘ	★	CRITICAL ROLE	1318
6	ⓘ	★	CRUCIAL ROLE	1204
7	ⓘ	★	VITAL ROLE	883
8	ⓘ	★	PROMINENT ROLE	716
9	ⓘ	★	IMPORTANT ROLES	477
10	ⓘ	★	ESSENTIAL ROLE	438
11	ⓘ	★	KEY ROLES	370
12	ⓘ	★	INFLUENTIAL ROLE	132
13	ⓘ	★	MAIN ROLE	126
14	ⓘ	★	SIGNIFICANT ROLES	123
15	ⓘ	★	PROMINENT ROLES	109
16	ⓘ	★	CRITICAL ROLES	96
17	ⓘ	★	CRUCIAL ROLES	86
18	ⓘ	★	PRINCIPAL ROLE	68
19	ⓘ	★	CENTRAL ROLES	63
20	ⓘ	★	VITAL ROLES	49
21	ⓘ	★	ESSENTIAL ROLES	44
22	ⓘ	★	MAIN ROLES	34
23	ⓘ	★	PRINCIPAL ROLES	29
24	ⓘ	★	CHIEF ROLE	21
25	ⓘ	★	INFLUENTIAL ROLES	13

=potent [argument] の検索結果

HELP	ⓘ	★	ALL FORMS (SAMPLE): 100	FREQ
1	ⓘ	★	STRONG ARGUMENT	331
2	ⓘ	★	CONVINCING ARGUMENT	218
3	ⓘ	★	POWERFUL ARGUMENT	148
4	ⓘ	★	PERSUASIVE ARGUMENT	137
5	ⓘ	★	STRONG ARGUMENTS	136
6	ⓘ	★	PERSUASIVE ARGUMENTS	72
7	ⓘ	★	CONVINCING ARGUMENTS	68
8	ⓘ	★	POWERFUL ARGUMENTS	57
9	ⓘ	★	EFFECTIVE ARGUMENT	39
10	ⓘ	★	EFFECTIVE ARGUMENTS	21
11	ⓘ	★	FORCEFUL ARGUMENT	13
12	ⓘ	★	POTENT ARGUMENT	12
13	ⓘ	★	VIGOROUS ARGUMENT	10
14	ⓘ	★	FORCEFUL ARGUMENTS	9
15	ⓘ	★	INFLUENTIAL ARGUMENT	7
16	ⓘ	★	INFLUENTIAL ARGUMENTS	5
17	ⓘ	★	VIGOROUS ARGUMENTS	3
18	ⓘ	★	POTENT ARGUMENTS	3
			TOTAL	1289

https://www.english-corpora.org/coca/
より

の連載「実践で学ぶコーパス活用術」（https://www.
kenkyusha.co.jp/uploads/lingua/lingua_bk01.html#corpus）を参
照してください。

Netspeak

　定型表現を調べる際には、**Netspeak**（https://netspeak.
org/）というwebサイトも便利です。[105] 例えば、「弱い風」

105：netspeakには「ネット言語」、すなわちインターネット特有の用語・
　　表現という意味もありますが、Netspeakというwebサイトではインター
　　ネット用語に限らない、幅広い表現を検索できます。

（微風）は weak wind と light wind のどちらが適切でしょうか？　Netspeak で［weak light］wind と入力して検索すると、以下の結果が表示されます。

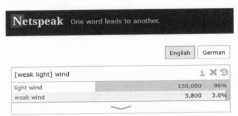

上の結果から、light wind の方が一般的だとわかります。強風は strong wind と言えるのに、その逆は weak ではなく light wind というのは厄介ですね（『プログレッシブ英語コロケーション辞典』小学館）。それぞれの表現をクリックすると、実際の用例も表示できます。

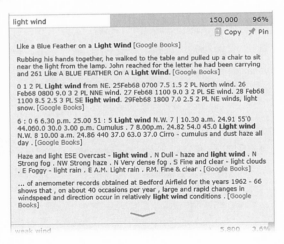

```
weak wind                                    5,800   3.6%
                                          📋 Copy  📌 Pin

The weak wind speed region corresponds to the region of neutral atmospheric
stratification as seen as Fig . 2a . We calculate roughness parameter at 5JST on
April 29 : the value for the northward component is ... [Google Books]

... techniques to analyze those issues. Winds have a great influence on the
outdoor environment, especially in urban areas. Problems that they cause can
be attributed to either strong wind or weak wind issues. Strong winds around
high-rise buildings can bring about unpleasant, and in some cases dangerous,
situations for people in the outdoor environment. On the other hand, weak
wind conditions can also cause problems such as air pollution and heat island
phenomena in urban areas. Winds enhance urban ventilation and reduce those
problems. They also enhance natural ventilation in ... [Google Books]

3.6.1.2 Weak wind generators As mentioned in Section3.4.2.4, weak wind
generators are used forthe motorized running upof wind turbines without blade
pitch variation. Theyare designedto achieve 20%of turbine nominal output at
50to 75% ... [Google Books]

A few days before the weak wind days in September satisfy the condition (2).
However this is due to the extremely weak wind days contained in the
calculation of Um of these days. These were not considered as abnormal days.
[Google Books]

The weak wind problem is actually two problems stars which have weak winds
for their spectral type ( Vz stars , Walborn 2000 ) and stars which have low
mass - loss rates in comparison with that predicted using ... [Google Books]

Surface Fluxes and Wind-Wave Interactions in Weak Wind Conditions [Google
Books]
                          ⌄
```

　単語の順番がわからないときは、{　}の中に複数の単語を入力し、検索します。例えば、「損益」はprofit and lossとloss and profitのどちらが適切かわからない場合は、{profit loss and}と入力して検索します。

```
{profit loss and}                           ⓘ  ✕  ↺
profit and loss                    1,000,000    99%
loss and profit                        3,500    0.4%
and loss profit                          692    0.1%
and profit loss                          590    0.1%
loss profit and                          509    0.1%
profit loss and                          316    0.0%
                    ⌄
```

　この結果から、loss and profit よりも profit and loss が一般的だとわかります。二項表現の適切な順番を調べたい際に便利です。

Netspeakでも、ワイルドカードを使用した検索が可能です。例えば、perspectiveは「考え方、見方」という意味ですが、先ほど紹介したpoint of viewと同じで、from a <u>historical</u> perspective（歴史的観点から）、from a <u>business</u> perspective（ビジネスの観点から）のように、様々な形容詞とともに使えます。他にもどんな単語が使用できるかを知りたい時は、from [a an] ? perspective と入力して検索しましょう（？は任意の単語1つを意味するワイルドカードです。また、[a an]は「aかanのいずれか」を示すOR検索です）。すると、以下の結果が表示されます。

from [a an] ? perspective	ⓘ ✕ ↺	
from a different perspective	160,000	12%
from a christian perspective	140,000	11%
from a historical perspective	68,000	5.3%
from a business perspective	57,000	4.5%
from a feminist perspective	50,000	3.9%
from an economic perspective	49,000	3.8%
from a global perspective	47,000	3.7%
from a new perspective	43,000	3.4%
from a canadian perspective	31,000	2.4%
from a legal perspective	30,000	2.4%
from a theoretical perspective	29,000	2.3%
from an evolutionary perspective	29,000	2.3%
from a policy perspective	29,000	2.3%
from a broader perspective	27,000	2.2%
from a practical perspective	26,000	2.1%
from a technical perspective	26,000	2.1%
from an international perspective	26,000	2.0%

　この結果から、from a <u>different</u> perspective（違う観点から）、from a <u>Christian</u> perspective（キリスト教の観点から）などの表現が使えることがわかりました。

?の代わりに*を使用すると、任意の一語ではなく、複数の単語も検索できます。例えば、drive ... crazyは「〜を怒らせる」という意味の定型表現ですが、実際にどのように使用するかを調べたいとします。この場合は、drives * crazyと入力して検索しましょう。

　次の結果から、drives me / you / them / him crazyに加えて、drives <u>some people</u> crazy, drives <u>my wife</u>〔husband〕crazy, drives <u>me absolutely</u> crazy, drives <u>people a little</u> crazy, drives <u>us all</u> crazyなどの表現が使えることがわかります。

drives * crazy	i ✕ ↻	
drives me crazy	90,000	68%
drives you crazy	12,000	9.4%
drives them crazy	4,300	3.3%
drives him crazy	4,000	3.0%
drives us crazy	3,200	2.4%
drives her crazy	2,400	1.8%
drives people crazy	1,900	1.5%
drives like crazy	1,500	1.2%
drives everybody crazy	1,400	1.1%
drives everyone crazy	958	0.7%
drives some people crazy	761	0.6%
drives my wife crazy	757	0.6%
drives men crazy	756	0.6%
drives me absolutely crazy	634	0.5%
drives people a little crazy	361	0.3%
drives my husband crazy	345	0.3%
drives us all crazy	327	0.2%

Netspeakでは、**English-Corpora.org**と同じく、類義語検索も可能です。例えば、「きつい仕事」はhard workですが、hardの代わりにどのような形容詞が使

えるでしょうか？　hardの前に#（シャープ）をつけて、#hard workと入力して検索します。

#hard work	i ✕ ↺	
hard work	6,700,000	89%
heavy work	270,000	3.7%
strong work	140,000	1.9%
difficult work	130,000	1.9%
arduous work	62,000	0.8%
laborious work	57,000	0.8%
tough work	36,000	0.5%
backbreaking work	22,000	0.3%
concentrated work	20,000	0.3%
severe work	16,000	0.2%
grueling work	12,000	0.2%
toilsome work	4,400	0.1%
gruelling work	3,800	0.1%
punishing work	2,400	0.0%

　上の結果から、hardの他にdifficult, arduous, laborious, tough, backbreakingなどの形容詞も使えることがわかります（backbreaking workは「ひどく骨の折れる仕事」を指すなど、細かいニュアンスの違いはあります）。

電子版コロケーション辞典

　Just the Word, Sketch Engine, English-Corpora.org, Netspeakなどのwebサイトを使えば、紙の辞典よりも素早く、多くの定型表現が調べられます。

　一方で、定型表現の和訳が掲載されていないため、ハードルが高いと感じる方もいらっしゃるかもしれません。そのような場合は、オンラインのコロケーション辞典を活用しましょう。例えば、研究社の『新編英

和活用大辞典』（https://kod.kenkyusha.co.jp/service/form.jsp、有料）でmanagementを検索すると、以下のように多くのコロケーションが表示されます。

【動詞】

assume, challenge, change, confront, constitute, criticize, direct, dominated, entrust, exercise, has, introduce, join, leave, pressure, reorganize, requires, takes, take over, took over

【形容詞・名詞】

able, adroit, American, Japanese, autocratic, bad, budget, capable, careful, child, clumsy, common, conservative, tightfisted, corporate, crisis, daily, day-by-day, day-to-day, delicate, dexterous, difficult, direct, efficient, inefficient, economical, emergency, energetic, environmental, excellent, experienced, factory, faulty, financial, foreign, forest, fund, good, better, government, higher, hotel, household, inadequate, financial, incompetent, independent, ineffective, intelligent, investment, Japanese-style, joint, judicious, little, loose, middle, money, new, nutrition, old, organizational, outstanding, personnel, poor, prison, private, professional, progressive, proper, railroad, railway, rational, scientific, reckless, resource, senior, sound, financial, stable, seasoned, stage, stress, strong, stupid, systematic, top, top-heavy, unbusinesslike, upper, upper-level, vigorous, weak, wildlife

【前置詞】

by, from, in, of, to, under, with

いずれのコロケーションにも用例と和訳がついているため、**Just the Word** や **Sketch Engine** はハードルが高いという方におすすめです。『新編英和活用大辞典』

はweb版に加えて、iOS版・アンドロイド版・Windows版・Mac版も発売されているため、コンピュータはもちろん、スマートフォンやタブレットからも使えます。

物書堂の辞書アプリ（iOS・Mac）では、複数辞書の串刺し検索も可能です。右は、物書堂の辞書アプリでcast aspersionを検索した結果です。

『新編英和活用大辞典』に加え、『新英和大辞典』『リーダーズプラス英和辞典』『ウィズダム英和辞典』など、複数の辞書に掲載されたcast aspersionsの用例がヒットしていることがわかります。

なお、物書堂の辞書アプリ自体は無料ですが、『新編英和活用大辞典』『新英和大辞典』『リーダーズプラス英和辞典』などの辞書コンテンツは有料（アプリ内課金が必要）です。『研究社 新英和大辞典』（14,000円・

税込）や『リーダーズ英和辞典＋リーダーズプラス』（12,000円・税込）など、1万円を超え、なかなか手を出しづらいものもあります。不定期に割引セールが実施されているため、セールの際にまとめて購入すると良いでしょう。

英辞郎 on the WEB

　和訳から定型表現を調べたい際には、「英辞郎 on the WEB」も活用できます（https://eow.alc.co.jp/、一部有料）。例えば、「緊急事態宣言を解除する」を英語でどう表現したらよいかわからないとします。英辞郎 on the WEBの検索ボックスに「緊急事態宣言 解除」と入力し、「検索」ボタンをクリックしましょう。

　右の出力結果から、「緊急事態宣言を解除する」は lift the state of emergencyだとわかります。

検索文字列	緊急事態宣言 解除

該当件数：**2** 件
データの転載は禁じられています。

検索結果	特定分野の例文

緊急事態宣言の解除
termination of the state of emergency

緊急事態宣言を解除する
lift the state of emergency

該当件数：**2** 件

　英辞郎 on the WEBのデータは定期的に更新されているため、紙の辞書には掲載されていないような最新の情報も収録されているのが大きな魅力です。一方で、市販の辞書ほど収録内容が厳密に精査されているわけではないため、あまり適切でない表現が含まれているこ

ともあります。[106] そのため、英辞郎 on the WEBの検索結果を鵜呑みにせず、他のツールで表現の適切性を確認すると良いでしょう。

例えば、Googleで"lift the state of emergency"を検索すると、

> Japanese Prime Minister Shinzo Abe announced Thursday that he had decided to lift the state of emergency in 39 of the country's 47 prefectures.
> （日本の安倍晋三首相は木曜日、全国47のうち39都道府県で緊急事態宣言を解除することを決定したと発表した）

https://abcnews.go.com/Health/coronavirus-updates-police-arrest-woman-selling-approved-covid/story?id=70675027

というABC Newsの記事が見つかりました。The Coronavirus Corpus（https://www.english-corpora.org/corona/）でも同様の用例が多数ヒットするため、lift the state of emergencyは適切な表現と判断して良さそうです。

類義語の違いを知る
Just the Word

すでに紹介した**Just the Word**などのwebサイトは、類義語（似た意味の単語）の違いを共起語の見地から調べる際にも活用できます。「共起語」とは、ある単語と一緒に使われることが多い（＝共起しやすい）単語の

106：https://www.kenkyusha.co.jp/uploads/lingua/prt/13/NishinaYasunori 1405.html

ことです。例えば、bigとlargeはいずれも「大きい」と訳されますが、どのような違いがあるでしょうか？

「bigは3文字だけど、largeは5文字です」というのも1つの答えですが、他にも違いはあるはずです。

Just the Wordを使って、以下を調べましょう。

（1）bigと共起しやすい（＝ともに使われやすい）が、large
　　とはあまり共起しない名詞
（2）largeと共起しやすいが、bigとはあまり共起しない
　　名詞

---

bigとlargeは日本語ではともに「大きい」と訳され、共通点も多い単語です。しかし、bigとlargeを含むコロケーションの観点から、両者の違いを浮き彫りにできます。

（1）「bigと共起しやすいが、largeとはあまり共起しない名詞」としては、mistake, game, nameなどがあります。a big mistakeは「重大な間違い」、a big gameは「重要な試合」、a big nameは「有名人、大物」というように、サイズが大きいというよりも、比喩的に「重要な、重大な」という意味になります。

一方で、（2）「largeと共起しやすいが、bigとはあまり共起しない名詞」としては、proportion, amount, numberがあります。a large proportionは「大部分」、a large amountは「多量」、a large numberは「多数」という意味です。

bigとlargeはどちらも「大きい」という意味です

が、bigは「感情をこめて大きい、重大な」というイメージで、largeは「客観的に規模が大きい」というイメージです（『NHK新感覚☆キーワードで英会話 イメージでわかる単語帳』NHK出版）。ファストフード店で飲み物のサイズがsmall, medium, bigではなく、small, medium, largeなのは、感情をこめて「大きい」と言っているからではなく、客観的に飲み物のサイズを描写しているからだと言えます。一方で、マクドナルドの商品名が「ラージマック」ではなく「ビッグマック」（Big Mac）なのは、ただ単に「サイズが大きいハンバーガー」ではなく、「サイズが大きいすごいハンバーガー」という感情がこもっているからでしょう。野球の北海道日本ハムファイターズの監督に就任した新庄剛志氏が自身のことを「ビッグボス」（big boss）と呼んでいるのも、単にサイズが大きいボスではなく、「すごいボス、大親分」という感情がこもっているからのようです。

　bigやlargeのように共通点が多い単語に関して、どのような単語と一緒に用いられるかを調べることで、両者の違いが明確になることがあります。You shall know a word by the company it keeps![107]、つまり、どのような単語と交わるかを知ることで、その単語についてより深い理解が得られます。

107：Firth, J. R. (1957). A Synopsis of Linguistic Theory 1930-55. *Studies in Linguistic Analysis* (pp. 1–32). Basil Blackwell.

Sketch Engine

　類義語の違いを調べる際には、**Just the Word**に加えて、**Sketch Engine**や**English-Corpora.org**も活用できます。**Sketch Engine**には**Word Sketch Difference**という機能があります。この機能を使うと、「単語Aと共起しやすいが、単語Bと共起しにくい単語」「単語Bと共起しやすいが、単語Aと共起しにくい単語」を表やグラフで比較できます。

　Word Sketch Differenceでbigとlargeを比較した結果を以下に示します。

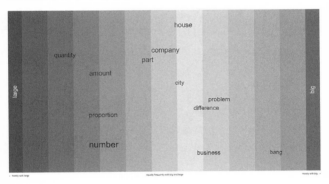

　上の図では、「bigと共起しやすい名詞」は右側に、「largeと共起しやすい名詞」は左側に表示されています。真ん中の単語は、big, largeのどちらとも共起しやすい名詞です。

　この図から、「bang, problem, difference, businessはbigと共起しやすい」「quantity, amount, proportion, numberはlargeと共起しやすい」「part, company, house, cityはbig, largeのどちらとも共起しやすい」ことがわかります。

Just the Wordで同じような分析を行う場合、bigの検索結果とlargeの検索結果を見比べ、「bigと共起しやすいが、largeと共起しにくい名詞」「largeと共起しやすいが、bigと共起しにくい名詞」を手動で抽出する必要があり、手間がかかります。一方で、**Word Sketch Difference**では同じ分析を1クリックで自動的に行えるため、非常に便利です。ただし、**Word Sketch Difference**は有料会員限定の機能であることに注意しましょう（Just the Wordは無料で使用できます）。

また、「bigと共起しやすい名詞」だからといって、largeと共起しないわけではないことに注意しましょう。例えば、problemは主にbigと共起しますが、a large problem「大問題」という表現を掲載している辞書もあります（『新編英和活用大辞典』研究社、『ランダムハウス英和辞典第2版』小学館など）。『オーレックス英和辞典』（旺文社）では、a large problem「大きな問題」という表現を紹介しつつ、「bigを用いる方がふつう」と解説しています。

English-Corpora.org

English-Corpora.orgでも、**Word Sketch Difference**と同様の分析が可能です。**English-Corpora.org**で任意のコーパス（BNCなど）を選択した後、SEARCH→

Compareをクリックし、比較したい単語を入力します。

以下は、**English-Corpora.org** でBNC（British National Corpus）を選択し、big, largeと共起しやすい名詞を検索した結果です。

WORD 1 (W1): **BIG** (0.69)

	WORD	W1	W2	W1/W2	SCORE
1	[NAME]	194	0	388.0	565.5
2	[DAY]	154	0	308.0	448.9
3	[RACE]	122	0	244.0	355.6
4	[HIT]	94	0	188.0	274.0
5	[CHALLENGE]	69	0	138.0	201.1
6	[MATCH]	67	0	134.0	195.3
7	[BANG]	364	3	121.3	176.8

WORD 2 (W2): **LARGE** (1.46)

	WORD	W2	W1	W2/W1	SCORE
1	[QUANTITY]	487	0	974.0	668.2
2	[EXTENT]	348	0	696.0	477.5
3	[DEGREE]	89	0	178.0	122.1
4	[BOWEL]	84	0	168.0	115.3
5	[AMOUNT]	782	7	111.7	76.6
6	[SAMPLE]	100	1	100.0	68.6
7	[STUDY]	47	0	94.0	64.5

　左の表に掲載されている単語はbigと共起しやすく、右の表に掲載されている単語はlargeと共起しやすいものです。上の表から、bigと共起しやすい名詞にはname, day, race, hit, challengeなどがあり、largeと共起しやすい名詞にはquantity, extent, degree, amount, sampleなどがあることがわかります。

和訳の活用

　定型表現の意味を理解する最も一般的な方法は、和訳を調べることでしょう。しかし、和訳を使用することには批判もあります。例えば、「narrow = 狭い」と覚えていると、「狭い部屋」と言おうとして、a narrow roomと言ってしまうかもしれません。narrowは「幅が狭い」という意味で、面積が狭い時はsmallを使います。a narrow roomと言うと、「幅が狭い部屋」、つまり、「細長い部屋」という意味になります（「細長い

部屋」はa long narrow roomと言うこともあります）[108]。「世間は狭いですね」はIt's a narrow world.ではなく、It's a small world.です。このように、英単語の実際の意味と和訳の意味範疇は一致していないことが多いため、英単語と和訳を結びつけることができたとしても、その単語を「習得した」とは言い切れません。和訳は不適切な言語使用の原因となることも多く、コロケーションの間違いの半数程度は、母語訳に起因するという推計もあります[109]。

　しかしながら、和訳を覚えることは全くの無意味ではありません。例えば、an income tax（所得税）、a market price（市場価格）、an inflation rate（インフレ率）などの定型表現は、英単語と和訳の意味のずれがほとんどありません。そのため、これらの定型表現に関しては、対応する和訳を覚えておけば十分でしょう。

　さらに、英単語の意味を和訳で与えた方が、英語で与えるよりも長期的な保持に結びつくことが示されています[110]。例えば、gastric ulcer（胃潰瘍）とangina pectoris（狭心症）をウェブスター英英辞典で引くと、以下のように説明されています。

---

gastric ulcer
a peptic ulcer located in the stomach's inner wall, caused in

---

108：堀正広.（2011）.『例題で学ぶ英語コロケーション』研究社.

109：Nesselhauf, N. (2003). The Use of Collocations by Advanced Learners of English and Some Implications for Teaching. *Applied Linguistics, 24,* 223–242.

110：Laufer, B., & Shmueli, K. (1997). Memorizing New Words: Does Teaching Have Anything To Do With It? *RELC Journal, 28,* 89–108.

part by the <u>corrosive</u> action of the gastric juice on the mucous <u>membrane</u>.

angina pectoris
a syndrome characterized by <u>paroxysmal</u>, <u>constricting</u> pain below the <u>sternum</u>, most easily <u>precipitated</u> by <u>exertion</u> or excitement and caused by <u>ischemia</u> of the heart muscle, usually due to a <u>coronary</u> artery disease, as <u>arteriosclerosis</u>.

Webster's New World College Dictionary, 4th Edition より

corrosive（腐食性の）、membrane（膜）、paroxysmal（発作性の）、sternum（胸骨）、ischemia（虚血）などの難解な単語が多く、説明を理解するだけでも一苦労です。辞書や機械翻訳を駆使すれば、それぞれ胃と心臓に関する病気であることは何となくわかりますが、具体的な病名は結局わからず、モヤっとした感じが残ります。一方で、「gastric ulcer＝胃潰瘍」「angina pectoris＝狭心症」のように和訳と結びつけると、即座に意味がわかり、記憶にも定着しやすいのです。

　すなわち、「英単語を覚える」ことは、「英単語の和訳を覚える」こととイコールではないものの、和訳を知っていれば十分な場合も多くあります。

　このような状況を、村田年氏（千葉大学）は「一語一訳でも覚えるが勝ち」と表現しています[111]。つまり、和訳にはもちろん限界がありますが、何も知らないよりは和訳だけでも知っている方がはるかに良いのです。

111：村田年.（2004）. 語彙指導の必要性と指導例. 大学英語教育学会基本語改訂委員会（編）『JACET8000活用事例集』(pp. 2–6). 大学英語教育学会.

「和訳を暗記したとしても、その知識は実際のコミュニケーションでは使用できない」と批判されることがあります。しかし、近年の研究では、単語カードなどを用いて英単語とその母語訳を結びつける学習を行った場合でも、その知識は実際のコミュニケーションで使用できることが示唆されています[112]。

　和訳に頼っていると、「狭い部屋」と言いたい時に、a narrow roomと言ってしまう（正しくはa small room）など、和訳に引きずられた誤用につながることがあるのは事実です。しかし、これは和訳に限ったことではありません。ジョージ・ミラー氏（プリンストン大学）らが行った研究を紹介します[113]。この研究では、英語を母語とする小学生に英単語の定義を英語で与え、その単語を使った英文を書いてもらいました。例えば、erodeという単語は、侵食する（eat out）という意味です。「erode = eat out」と学んだ小学生は、*My family erodes a lot. という間違いを犯しました。eat outには「侵食する」に加えて「外食する」という意味もあるため、「私の家族はよく外食します」と書こうとして、「私の家族はよく侵食します」と書いてしまったのです。他にも、「correlate = be related」と学んだ小学生は、*Me and my parents correlate, because without

---

112：Elgort, I., & Piasecki, A. E. (2014). The effect of a bilingual learning mode on the establishment of lexical semantic representations in the L2. *Bilingualism: Language and Cognition, 17,* 572–588.

113：Miller, G. A., & Gildea, P. M.(1987). How Children Learn Words. *Scientific American, 257,* 94–99.

them I wouldn't be here. という文を産出しました。「自分と両親は親族関係にある」と書こうとして、「自分と両親は相関関係にある」と書いてしまったのです。

「英単語を和訳と結びつけるから、日本人は変な英語を使ってしまう。英単語は英語のまま理解すべき」と言われることがあります。しかし、ジョージ・ミラー氏の研究は、和訳の代わりに英語の定義を使ったとしても、単語の正確な意味範疇を身につけるのが難しいことを示しています。和訳を使うにせよ、使わないにせよ、脱文脈化された状態で単語の正確な意味範疇を身につけるのは困難であり、和訳の使用が諸悪の根源であるかのようにとらえるのは不適切でしょう。

コア・ミーニングを覚える（次節を参照）などの工夫をすれば、和訳が役立つこともあります。また、「narrow ＝ 狭い」ではなく、「narrow ＝ 幅が狭い」と覚えていれば、a narrow room といった間違いをすることもおそらくないでしょう。

和訳を覚えることはゴールではなく、あくまでもその単語をマスターする長い道のりへの第一歩にすぎません。和訳には限界があることもふまえた上で、和訳をうまく活用しましょう。

コア・ミーニングを知る

前節で述べた通り、和訳を活用することで定型表現の学習を促進できます。しかし、辞書で英単語を調べると、多くの和訳が羅列してあることが珍しくありま

せん。例えば、基本動詞takeに関しては、「とる」「(写真を) 撮る」「する」「(薬を) 飲む」「(時間が) かかる」「連れて行く」「持って行く」「(忠告などに) 従う」「受け取る」など、辞書によっては20～40以上の意味が書かれています[114]。以下にその一部を示します。

take a risk	リスクをとる
take a picture	写真を撮る
take a walk	散歩する
take medicine	薬を飲む
take a shower	シャワーを浴びる
take a temperature	体温を測る
take two hours	2時間かかる
take you home	家まで連れて行く
take an umbrella	傘を持っていく
take advice	忠告に従う
take a bribe	わいろを受け取る

1つの単語につき40もの意味を知ることは困難です。しかし、コア・ミーニング (core meaning) を知ることで、takeを含む様々なコロケーションの習得が促進されます[115]。コア・ミーニングとは、多くの語義に共

114：寺澤盾. (2016).『英単語の世界 – 多義語と意味変化から見る』中央公論新社.
115：Yamagata, S., Nakata, T., & Rogers, J. (in press). Effects of Distributed Practice on the Acquisition of Verb-noun Collocations. *Studies in Second Language Acquisition*.

通する中心的な意味のことです。例えば、『Ｅゲイト
英和辞典』（ベネッセ）では、takeのコア・ミーニング
は以下のように説明されています。

自分のところに取り込む
何かを手にして自分のところに
取り込む動作が関与し、「ある
ところから何かを取る」「何か
を（手に）取る」「何かを自分の
ところに取り込む」の3つの側
面のどこを強調するかで、さま
ざまな意味が展開する

『Ｅゲイト英和辞典』
（ベネッセ）を基に作成

　コア・ミーニングを基に、takeの様々な定型表現を
説明できます。以下の表をご覧ください。

take a risk	リスクを自分の中に取り込む ➡リスクをとる
take a picture	風景を写真の中に取り込む ➡写真を撮る
take a walk	「散歩」という経験を自分の中に 取り込む　➡散歩する
take medicine	薬を自分の中に取り込む ➡薬を飲む
take a shower	シャワーを自分の中に取り込む ➡シャワーを浴びる
take a temperature	体温を体温計の中に取り込む ➡体温を測る

take two hours	何かが2時間を取り込む ➡2時間を要する
take you home	あなたを取り込んで家まで移動する ➡家まで連れて行く
take an umbrella	傘を自分に取り込んで移動する ➡傘を持っていく
take advice	忠告を自分の中に取り込む ➡忠告に従う
take a bribe	わいろを自分の中に取り込む ➡わいろを受け取る

『NHK新感覚☆キーワードで英会話 イメージでわかる単語帳』(NHK出版) を参考に作成

　単語のコア・ミーニングを知る上では、オンライン辞書weblio（https://ejje.weblio.jp/）や、『コンパスローズ英和辞典』（研究社）、『オーレックス英和辞典』（旺文社）、『エースクラウン英和辞典』（小学館）などの辞書が有益です。

　単語のコア・ミーニングに関する知識は、「なぜこの表現ではこの単語が使えないのか」を理解するのに役立つこともあります。例えば、「賞を受け取る」はget an awardが自然ですが、「わいろを受け取る」はtake a bribeが自然です。これは、takeには「自分の意志で積極的に取り入れる」というニュアンスがあるからだと言われています。[116]つまり、賞は何かを成し遂

116：相沢佳子. (1999).『英語基本動詞の豊かな世界—名詞との結合にみる意味の拡大』開拓社.

げた結果として与えられるものなので、受け取る側が
意図して入手できるものではありません。一方で、わ
いろは収賄側が受け取ることを自ら選択して手に入れ
るものであるため、「自分の中に取り込む」というニ
ュアンスがあるtakeと相性が良いのかもしれません。

　ただし、もちろんすべての定型表現がコア・ミーニ
ングで説明できるわけではありません。特に、do,
give, have, make, takeなどの基本動詞は、動詞本来の
意味をほとんど持たずに使われることがあります（こ
れを軽動詞［light verbs］的用法と呼びます）[117]。例えば、take a
break（休憩する）、take a nap（昼寝をする）、take advantage
（利用する）では、break, nap, advantageなどの名詞が
フレーズ全体の意味の多くを担っており、take本来の
意味はほとんど失われています。このような用法も、
コア・ミーニングで説明できるかもしれませんが（例
えば、take a break / napは、それぞれ「休憩」「昼寝」を自分
の中に取り込んでいると解釈できます）、説明が強引になっ
てしまうものもあるため、素直に暗記した方が良いか
もしれません。

コア・ミーニングを句動詞学習に活用する

　コア・ミーニングは、句動詞を覚える上でも活用で
きます。例えば、英単語turnのコア・ミーニングは、
「（まわして）向き・状態を変える」です。

117：Stubbs, M. (2002). *Words and Phrases: Corpus Studies of Lexical Semantics*. Blackwell.

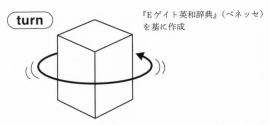

（turn）

『Eゲイト英和辞典』（ベネッセ）を基に作成

　上に示したコア・ミーニングと、副詞・前置詞のコア・ミーニングを組み合わせることで、turnを含む句動詞の意味を理解するのが容易になります。以下をご覧ください。

turn away	turn向きを変えて ＋ away離れさせる ➡顔をそむける、〜を追い払う、〜を断る
turn down	turn向きを変えて ＋ down下げる ➡（音量を）下げる、〜を断る
turn off	turn向きを変えて ＋ off分離させる ➡（水道電気などを）止める
turn on	turn向きを変えて ＋ on接触させる ➡（スイッチを）入れる、〜を興奮させる
turn out	turn向きを変えて ＋ out外へ出す ➡結果として〜となる、〜を消す
turn over	turn向きを変えて ＋ over越えさせる ➡〜をひっくり返す、〜を引き渡す

『NHK新感覚☆キーワードで英会話 イメージでわかる単語帳』（NHK出版）を参考に作成

　複数の意味を持つ句動詞も多くあります。例えば、辞書でpick upを調べると、「〜を拾う、（車などに）乗

せる、迎えに行く、スピードを増す、稼ぐ、習得する、買う、（病気に）かかる、向上する、持ち直す」など、様々な意味が書いてあります。しかし、これらすべてを暗記する必要はありません。なぜなら、pick upのコア・ミーニングを基に、ほとんどの意味が説明できるからです。

　pick upのコア・ミーニングは「何かを持ち上げる」ことです。pick upのコア・ミーニングと様々な意味との関係を以下に示します。

pick up the trash
ゴミを持ち上げる ➡ 拾う
pick someone up at a hotel
ホテルで人を拾う ➡（車などに）乗せる、迎えに行く
pick up speed
スピードを持ち上げる ➡ スピードを増す
pick up $400 a week
1週間に400ドルを拾う ➡ 稼ぐ
pick up English
英語を拾う ➡ 習得する
pick up sandwiches at a store
店でサンドイッチを持ち上げる ➡ 買う
sales are picking up
売れ行きが持ち上がっている ➡ 向上する、持ち直す

　pick upが複数の意味を持っているというより、「何かを持ち上げる」というコア・ミーニングは一定であ

り、文脈に応じて割り当てられる和訳が変わるだけだと考えても良いでしょう。コア・ミーニングをつかむことで、複数の意味を持つ句動詞を効率的に習得できます。『英熟語図鑑』（かんき出版）では句動詞の意味がイラストで示されており、コア・ミーニングを直感的に理解するのに役立ちます。

カタカナ英語の活用

　「コンプライアンスは『法令遵守』のことだから、complianceは『要求などに応じること』」というように、カタカナ英語を活用することで、英単語学習が促進されます。筆者らが日本の大学生を対象に行った研究でも、カタカナ語として用いられる英単語は、そうでない単語よりも習得が容易なことが示されています。[118]

　英語における定型表現の中には、カタカナ語として広く用いられているものがあります。カタカナ語の知識を生かすことで、それらの学習も促進されるでしょう。具体例を以下に示します。

二項表現（binomials）
copy and paste（コピーアンドペースト）、give and take（ギブアンドテイク）、hit and run（ヒットエンドラン、ひき逃げ）
複合語（compounds）
a credit card（クレジットカード）、drive-through（ドライブ

118：Rogers, J., Webb, S., & Nakata, T. (2015). Do the cognacy characteristics of loanwords make them more easily learned than noncognates? *Language Teaching Research, 19,* 9–27.

スルーの、ドライブスルー）、a flight attendant（フライトアテンダント、客室乗務員）、know-how（ノウハウ）、a living room（リビングルーム、居間）、a ponytail（ポニーテイル）、a screensaver（スクリーンセイバー）、a screenshot（スクリーンショット）、a smartphone（スマートフォン）、a website（webサイト）

句動詞（phrasal verbs）

pick up（〜をピックアップする、拾う）、set up（〜を設立する、据える）、take out（〜をテイクアウトする、取り出す）

和製英語の欠点

　しかし、カタカナ語による学習にも、欠点はあります。

　第1に、カタカナ語の中には、発音が本来の英単語とかけ離れているものがあります。例えば、日本語の「ウイルス」は英単語のvirus（/vái(ə)rəs/ ヴァイァラス）に対応しますが、発音はだいぶ異なります。他にも、「ワクチン」と vaccine（/væksíːn/ ヴァクスィーン）、「ビニール」と vinyl（/váinl/ ヴァイナル）など、カタカナ語と英単語の発音に大きなずれがあるものは珍しくありません。これらの単語に関しては、カタカナ語を基に正確な発音を身につけるのは難しいでしょう。

　第2に、英語では意味が通じなかったり、別の意味になる和製英語も多くあります。例えば、日本語の「ベビーカー」は和製英語で、アメリカ英語ではstrollerまたはbaby carriage、イギリス英語ではpushchairまたはpramです。また、日本語で「デパート」と言うと百貨店を指しますが、英語のdepartは「出発する」と

いう意味の動詞です。百貨店は英語ではa department storeです。

　また、ビニールとvinylは発音が違うだけでなく、用法も異なります。日本語では「ビニール袋」「ビニール手袋」と言いますが、英語のvinylは化学物質を指す専門用語として用いられることが多く、日常的にはplasticを用います。そのため、「ビニール袋」はa plastic bag、「ビニール手袋」はplastic glovesです。「ペットボトル」のこともa PET bottleというのはまれで、通常はa plastic bottleと言います（『ウィズダム英和辞典第4版』三省堂）。また、vinylは「アナログのレコード」という意味で使われることもあります（日本語でも「ビニール盤」と言いますね）。

　このように、実際の英語表現とはかけ離れた意味で用いられるカタカナ語も少なくありませんので、注意しましょう。英語の定型表現のように見えて、実際には意味が通じない和製英語の例を以下に示します。

和製英語	本来の英語定型表現
アフターサービス	customer service
オーダーメイド	made-to-order
ガソリンスタンド	gas station（米）、 petrol / filling station（英）
キーホルダー	key chain
キッチンペーパー	paper towel
ジェットコースター	roller coaster

シャープペンシル	mechanical pencil
ソフトクリーム	ice cream cone
フライドポテト	French fries（米）、chips（英）
フリーダイヤル	toll-free call
（給料の）ベースアップ	pay raise
モーニングコール	wake-up call

『英語教師がおさえておきたい ことばの基礎的知識』（大修館書店、pp. 102-104）および『Native Speaker にちょっと気になる日本人の英語』（ひつじ書房）を基に作成

英語母語話者は和製英語を理解できるのか

　上のような和製英語を、英語母語話者はどのくらい理解できるのでしょうか？　アメリカ英語の母語話者に和製英語を提示し、彼らがその意味を正しく推測できるかを調べた興味深い研究があります[119]。調査に使用されたのは、ドクターストップ、マナーモード、タイムサービス、ベッドタウンなど、英語の定型表現のように見えて、実は英語では意味が通じない表現でした（ドクターストップは a doctor's order、マナーモードは silent mode、タイムサービスは a limited-time sale、ベッドタウンは a commuter town が適切な表現です）。

　調査では、30の和製英語を英語母語話者72人に提示し、その意味を4つの選択肢から選んでもらいました（参加者72人のうち、半分の36人は日本語学習経験があり、

119：柴崎秀子・玉岡賀津雄・高取由紀. (2007). アメリカ人は和製英語をどのぐらい理解できるか−英語母語話者の和製英語の知識と意味推測に関する調査.『日本語科学』21, 89–110.

残りの36人は学習経験がありませんでした）。例えば、以下のような形式です。

> ペーパードライバー（a paper driver）
> 1. a driver who likes reading a paper
>   （論文を読むのが好きな運転手）
> 2. a newspaper delivery person
>   （新聞配達員）
> 3. a paper doll shaped like a driver
>   （運転手の形をした紙の人形）
> 4. a person who has a driver's license but never drives
>   （運転免許を持っているが、決して運転しない人）

　日本語の「ペーパードライバー」は、運転免許を持っているのに、決して運転しない人を指します。しかし、日本語の学習経験がない英語母語話者のうち、正しい意味（選択肢4）を推測できたのはわずか2.0%しかいませんでした。

　その他の和製英語の正答率を以下に示します。

和製英語	和製英語の意味	正答率
ライブハウス	a bar with live music （生演奏があるバー）	41.7%
最も多かった誤答：a house where lively people live （元気な人が住んでいる家）		
モーニングサービス	breakfast special （特別な朝食セット）	22.2%
最も多かった誤答：the earliest mass in a day （1日で最も早く行われるミサ）		

ペアルック	wearing the same outfit （同じ服を着ていること）	30.6%
最も多かった誤答：twins（双子）		
オープンカー	convertible （たたみ込みの屋根付き自動車）	61.1%
最も多かった誤答：unlocked car doors （施錠されていない車のドア）		
マナーモード	silent mode on a portable phone （携帯電話のマナーモード）	38.9%
最も多かった誤答：a good example of manners（行儀の好例）		

柴崎ほか（2007、p.102）を基に作成

　この表は、和製英語をそのまま使うと、ライブハウスは「元気な人が住んでいる家」、モーニングサービスは「朝（morning）に行われる礼拝（service）」、ペアルックは「双子」など、思わぬ誤解につながることを示唆しています。カタカナ語を使うことで習得が促進される英語表現があるのも事実ですが、実際の英語とはかけ離れた意味で用いられる和製英語も少なくないため、注意しましょう。

　しかし、朗報もあります。それは、調査に参加した英語母語話者のうち、日本語の学習経験がある参加者は、学習経験がない参加者よりも和製英語の意味を正しく推測できる確率が高かったことです。

　次ページの表は、日本語学習経験がある英語母語話者は、そうでない母語話者と比較して、和製英語の意味を正しく推測できる可能性が高いことを示唆してい

ます。そのため、日本語に馴染みがある英語母語話者とやりとりをする際には、和製英語を使ったとしても、こちらの意図を正しく推測してくれるかもしれません。

和製英語	推測正答率	
	日本語学習経験なし	日本語学習経験あり
ライブハウス	41.7%	75.0%
モーニングサービス	22.2%	61.1%
ペアルック	30.6%	61.1%
ペーパードライバー	2.0%	44.4%
オープンカー	61.1%	81.1%
マナーモード	38.9%	66.0%

柴崎ほか（2007, p. 102）を基に作成。「日本語学習経験なし」は日本語学習経験がない英語母語話者の推測正答率、「日本語学習経験あり」は日本語学習経験がある英語母語話者の推測正答率を指す

　英語母語話者と英語でやりとりする際には、「こちらは使い慣れている日本語ではなく、あなたの母語である英語を使ってあげている。日本語話者だけが努力を強いられて、英語母語話者が相手の言葉を一切覚えようとしないのは不公平だ。だから、英語母語話者も和製英語を勉強して、お互いに歩み寄るべきだ」という考え方もあるでしょう。英語が国際的な共通語として使われていることを考えると、母語話者の英語のみを「正しい英語」とみなし、和製英語をすべて誤りと決めつけるのは不適切です。

一方で、英語母語話者に限らず、非母語話者と英語でやりとりする際に、和製英語が理解を阻害する要因となることも事実です。例えば、中国語の母語話者は、「ベッドタウン」「マンツーマン」「スキンシップ」「ツーショット」などの和製英語の理解に困難を抱えるといいます。[120]興味深いことに、英語力の高い中国語母語話者ほど、和製英語の意味を正しく推測できない傾向もあるようです。英語力の高い非母語話者は、「英語ではa paper driverという表現はふつう用いない」ということを知っているため、ペーパードライバーが「運転免許を持っているのに、決して運転しない人」を指すとは思いもよらないのでしょう。

　日本語学習経験があったり、日本に在住している英語話者とやりとりする際には、和製英語に過度に敏感にならなくて良いかもしれません。一方で、日本語に馴染みがない英語話者（母語話者だけでなく、非母語話者も含む）とやりとりをする際には、和製英語を避けた方がスムーズな意思疎通が可能になるでしょう。

　カタカナ語をきっかけに英語の定型表現を学習する上では、『Native Speakerにちょっと気になる日本人の英語』（ひつじ書房）、『和製英語 伝わらない単語、誤解される言葉』（角川ソフィア文庫）、『和製英語の徹底チェック』（三省堂）などの書籍が有用です。

120：張婧褘・玉岡賀津雄・早川杏子. (2014). 和製英語の理解における英語および日本語の語彙知識の影響.『日本教科教育学会誌』36, 23-32.

韻に注意を払う

　定型表現の中には、頭韻（alliteration）や脚韻（rhyme）を踏んでいるものが多くあります。頭韻とは、同じ音で始まる単語が繰り返し用いられることを指します。例えば、turn the tables（形勢を一変する）であれば/t/、good as gold（非常によい、申し分のない）であれば/g/、cut corners（切り詰める、手を抜く）であれば/k/で始まる単語が繰り返されています。脚韻とは、同じ音で終わる単語が繰り返し用いられることを指します。例えば、high and dry（船が岸に乗り上げて、見捨てられて、おいてきぼりにされて）では/áɪ/、take a break（休憩する）であれば/éɪk/で終わる単語が繰り返されています。

　英語の定型表現では、頭韻を踏んでいるものが特に多いと指摘されています。英語のイディオムの内、約17％は頭韻が含まれているという推計もあります[121]。頭韻を踏んでいる定型表現の例を以下に示します。

イディオム（idioms）
例：beat around the bush（遠回しに言う）、cut corners（切り詰める、手を抜く）、hold your horses（落ち着け）、be on a [the] slippery slope（危ない状態にある）、move mountains（あらゆる努力をする、奇跡をなし遂げる）、turn the tables（形勢を一変する）、two peas in a pod（うりふたつ）
コロケーション（collocations）
例：commit a crime（罪を犯す）、do damage（損害を与え

121：Boers, F., & Lindstromberg, S. (2009). *Optimizing a Lexical Approach to Instructed Second Language Acquisition.* Palgrave Macmillan.

る）、make a mess（台なしにする、汚す）、put pressure（プレッシャーをかける）、run a risk（リスクを冒す）、tell the truth（真実を言う）

二項表現（binomials）

例：bread and butter（バター付きのパン、生計、本業）、live and learn（長生きする分知識も増える、何事も経験だ）、part and parcel（切り離せないこと、付き物）、safe and sound（無事に）、sweet-and-sour（甘酸っぱい）

複合語（compounds）

baby boom（ベビーブーム）、beer belly（ビール腹）、far-fetched（信じがたい、こじつけの）、health hazard（健康にとって有害なもの）、peer pressure（仲間からの圧力）

慣習表現（institutionalized expressions）

Beer before wine and you'll feel fine; wine before beer and you'll feel queer.（ビールを飲んでからワインを飲んでも構わないが、ワインを飲んでからビールを飲むと気分が悪くなる）、Curiosity killed the cat.（好奇心もほどほどに）、It takes two to tango.（タンゴは一人では踊れない、両方に責任がある）、The devil is in the details.（悪魔は細部に宿る。細部に落とし穴がある）、Time will tell.（時がたてばわかる）

固定フレーズ（fixed phrases）

busy as a bee（非常に忙しい）、clear as crystal（透明な、明瞭で）、cool as a cucumber（涼しい、落ち着き払った）、fit as a fiddle（とても元気で）、good as gold（非常によい、申し分のない）
（＊）上の固定フレーズはいずれも比喩表現に分類されます。

Boers, F., & Lindstromberg, S. (2009). *Optimizing a Lexical Approach to Instructed Second Language Acquisition*. Palgrave Macmillan. などを基に作成

なぜ韻を踏むのか？

　なぜ英語の定型表現には韻を踏んでいるものが多いのでしょうか？　その理由としては、韻を踏んでいる表現と踏んでいない表現があった場合、前者の方が定型表現として定着しやすいからかもしれません。例えば、「時がたてばわかる」という表現としては、Time will tell/say/show/reveal.などが考えられます。この中で、頭韻を踏んでいる time will tell は覚えやすく、さらに言いやすいという利点があります。そのため、Time will say/show/reveal.などの表現は次第に駆逐され、Time will tell.が定型表現として定着したのかもしれません。[122]

　商品やキャラクターの名前でも、コカコーラ（Coca-Cola）、キットカット（Kit-Kat）、ティックトック（TikTok）、ミッキーマウス（Micky Mouse）、ミニーマウス（Minnie Mouse）、ドナルドダック（Donald Duck）、デイジーダック（Daisy Duck）、ピーターパン（Peter Pan）、ビッグバード（Big Bird）、キングコング（King Kong）など、頭韻が多くみられます。少しでも記憶に定着しやすいようにという工夫なのかもしれません。

　英語母語話者にとって、頭韻は覚えやすい・言いやすいという利点があります。一方で、英語学習者を対象に行われた研究では、頭韻が記憶を促進する効果は

122：Eyckmans, J., Boers, F., & Lindstromberg, S. (2016). The impact of imposing processing strategies on L2 learners' deliberate study of lexical phrases. *System, 56,* 127–139.

それほど大きくないことが示唆されています。英語学習者は母語話者ほど頭韻に敏感ではないためなのか、せっかくの頭韻もあまり威力を発揮しないようです。しかし、頭韻を踏んでいる表現に印をつけさせるなど、学習者の注意を頭韻に向ける工夫をすることで、習得が促進されるという研究もあります。[123] 新しい英語の定型表現に出会った際には、頭韻が含まれているかをまず確認すると良いでしょう。

スピーキングによる定型表現の学習

　定型表現を身につける上では、インプット（リスニング・リーディング）だけでなく、アウトプット（スピーキング・ライティング）を伴う活動も効果的です。スピーキングを通して定型表現の知識をつけるためには、以下の5点に気をつけましょう。

　第1に、同じトピックについて繰り返し話しましょう。同じトピックについてのスピーチを繰り返すことで、すでに知っている定型表現の知識に素早くアクセスできるようになり、流暢性（＝スピード）が増します。スピーチを繰り返す際には、1回目は4分間、2回目は3分間、3回目は2分間というように、制限時間をだんだんと短くするのも効果的です。制限時間を段階的に短くする（4分間→3分間→2分間）ことで、

123：Eyckmans, J., Boers, F., & Lindstromberg, S. (2016). The impact of imposing processing strategies on L2 learners' deliberate study of lexical phrases. *System, 56*, 127–139.

「前回よりも速く話さなくては」というプレッシャーがかかり、流暢性の発達に効果的であると考えられています（これは4-3-2と呼ばれるテクニックです）[124]。4分間が長すぎる場合は、「2分間→1分半→1分間」など、制限時間を全体的に短くするのも良いでしょう。

　第2に、スピーキング練習は話し相手がいない状態で行っても構いません。ICレコーダーに英語を吹き込む練習を3日間行うことで、英語のスピーキング力があがることを示した研究があります[125]。この研究は、話し相手がいない状態でスピーキング練習を行っても、スピーキング力向上に効果があることを示唆しています。英語を話す相手が周囲にいない場合は、スマートフォンに吹き込んだり、英語で独り言を言ったり、声に出さず頭の中で英語をつぶやくだけでも良いでしょう。

　時事問題のような高度な内容について話すのが難しい場合は、「最近読んだ本」「最近見た映画」など、身近な話題について話しましょう。4コマ漫画の内容を英語で説明したり、動画を見ながら英語で実況したり、その日にあったことを英語で話す（口頭英語日記）のも良いでしょう[126]。

124：Thai, C., & Boers, F. (2016). Repeating a Monologue Under Increasing Time Pressure: Effects on Fluency, Complexity, and Accuracy. *TESOL Quarterly, 50*, 369–393.

125：Suzuki, Y. (2021). Optimizing Fluency Training for Speaking Skills Transfer: Comparing the Effects of Blocked and Interleaved Task Repetition. *Language Learning, 71*, 285-325.

第3に、いきなり英語で話し始めるのではなく、使えそうな定型表現をあらかじめメモしておくなどの事前準備をしましょう[127]。事前準備をすることで、発話の質が高まるだけでなく、定型表現をスピーキングで使いこなす力もつきます。定型表現が多く含まれたテキストを読んだり聞いたりした上で、そのテキストを口頭で要約するのも良いでしょう。

　第4に、自分でスピーキングをした後に、模範解答と比較しましょう[128]。例えば、英検準1級の面接試験では、4コマ漫画を説明する問題が出題されます。そのため、『14日でできる！英検準1級 二次試験・面接 完全予想問題 改訂版』（旺文社）などの対策教材では、4コマ漫画と模範解答（4コマ漫画を英語で説明したもの）が収録されています。4コマ漫画を英語で説明するスピーキング活動を行った後に、模範解答と照らし合わせることで、「自分が言いたかった表現」と「実際に言えた表現」のギャップに気づき、新たな定型表現を習得できるでしょう（英検準1級の対策教材に加えて、『4コマ漫画で攻略！　英語スピーキング』DHCなどの書籍も活用できます）。

　例えば、「電車がとても寒かったので、彼女の息は

126：神谷信廣. (2022). 第7章スピーキングの学習. 中田達也・鈴木祐一（編）『英語学習の科学』(pp. 113-130). 研究社.
127：Boers, F. (2014). A Reappraisal of the 4/3/2 Activity. *RELC Journal, 45,* 221–235.
128：神谷信廣. (2022). 第7章スピーキングの学習. 中田達也・鈴木祐一（編）『英語学習の科学』(pp. 113-130). 研究社.

白かった」と言いたい際に、*The train was so cold that her breath was white. という自分なりの表現を使ったとします。The train was so cold that she could see her own breath. という模範解答と比較することで、日本語では「息が白い」と言うが、英語では「自身の息が見える」が自然だとわかり、see one's own breath という定型表現を学ぶきっかけとなります。

　最後に、スピーキングの練習は一人でもできますが、実際に英会話をする機会も設けましょう。週に1回程度英会話スクールに通ったり、オンラインで英会話レッスンを受けたり、友人同士で英語で話すのも良いでしょう。また、**HelloTalk** (https://www.hellotalk.com/)、**Tandem** (https://www.tandem.net/)、**Interpals** (https://www.interpals.net/) などのwebサイトやアプリも活用できます。これらのサービスでは、日本語と英語の言語交換 (language exchange; 日本語話者が日本語を教える代わりに、英語話者に英語を教えてもらう) ができます。英語話者と会話することで、有用な定型表現を文脈から自然に習得したり、学習した定型表現を使う練習ができます。ただし、詐欺目的など悪意のあるユーザーが含まれていることもあるため、連絡先などの個人情報を安易に教えるのは避けましょう。

ライティングによる定型表現の学習

　リアルタイムで英文を産出することが求められるスピーキングと異なり、ライティングでは自分の書いた

英文を十分に吟味する時間があります。そのため、すでに紹介した**Just the Word, Sketch Engine, English-Corpora.org, Netspeak**などのwebサイトを適宜使用することで、適切な定型表現を用いたライティングが可能になります。

アカデミックな英文を書く際には、**AWSuM**（https://langtest.jp/awsum/）や**ColloCaid**（https://www.collocaid.uk/）などのwebサイトも有用です。水本篤氏（関西大学）が開発した**AWSuM**では、入力したテキストを基に、よく使われる定型表現を提案してくれます（無料で利用できます）。

例えば、The purpose of this（この〜の目的）と入力すると、以下のような表現が表示されます。

The purpose of this <u>study was to</u>
（この研究の目的は〜であった）

> The purpose of this <u>study is to</u>
> 　（この研究の目的は〜である）
> The purpose of this <u>article is to</u>
> 　（この論文の目的は〜である）
> The purpose of this <u>paper is to</u>
> 　（この論文の目的は〜である）
> The purpose of this <u>investigation was to</u>
> 　（この調査の目的は〜であった）

AWSuMが提案してくれる表現を組み合わせることで、学術論文としてふさわしい英文が書けます。

　ColloCaidは入力した英単語を含むコロケーションを提案してくれるwebサイトです（無料で利用できますが、ユーザー登録が必要です）。例えば、**ColloCaid**に The purpose of this study was to examine the effects of ... と入力すると、purpose, study, examine, effectsに点線が引かれます。点線が引かれた単語をクリックすると、その単語を含むコロケーションを一覧表示してくれます。下はColloCaidでeffectsをクリックした画面です。

以下のように、effectを含む多くのコロケーション
を提案してくれます。これらのコロケーションを用い
ることで、正確かつ適切な英文を書くことができます。

形容詞 + effect
adverse effect, negative effect, significant effect, positive effect, direct effect, fixed effect, beneficial effect, main effect

動詞 + effect
have an effect, examine the effect, exert its effect, investigate the effect, produce effects, found no effect

effect + 動詞
effects occur, effect dominates, effect disappeared, this effect persisted, effects last

effect + 前置詞
effect on, effect upon, effect of, effect in, effect from, effect for, effect at, effect between

　AWSuM と **ColloCaid**はいずれもアカデミックな英
作文を支援するために開発されました。そのため、学
術論文やレポート執筆には大いに役立ちますが、日常
的な文書やビジネス文書の作成支援は目的としていな
いことに注意しましょう。

まとめ──最重要課題はすでにクリアしている

　本章では定型表現の効果的な学習法を紹介しまし
た。定型表現を学習する上では、どのような学習法も
一長一短であり、「これさえしておけば良い」という
完璧な学習法はないことを頭に入れておきましょう。

例えば、熟語集を使うと、重要な定型表現を効率的に学習できます。一方で、学習した定型表現を実際にどのように使用すれば良いかに関する知識は身につきにくいという欠点もあります。

多読・多聴による学習では、文脈の中で定型表現に出会うため、定型表現を実際のコミュニケーションで使用する力が伸ばせます。一方で、多読・多聴では内容を理解することだけで精一杯になりがちであるため、どのような定型表現が使われているかにまで注意が向きづらいのが欠点です。そのため、短期間で多くの定型表現を習得するのには向いていません。

また、定型表現と一口に言っても、様々な種類があります。定型表現の種類によっても、最適な学習法は異なるでしょう。例えば、意味的透明性が低いイディオムに関しては、その由来を学ぶなど、意識的な学習が有効です。[129]一方で、意味的透明性が高い二項表現に関しては、意識的な学習よりも、多読・多聴による文脈からの自然な学習が適しているでしょう。

さらに、イディオムや句動詞に関しては、リスニングやリーディングで出会った際に理解できれば十分で、スピーキングやライティングで使えるようになるまで練習する必要はないでしょう（kick the bucket は pass away や die など、別の表現で代用可能だからです）。一方で、コロケーションや構文に関しては、スピーキングやラ

129：Boers, F., & Lindstromberg, S. (2009). *Optimizing a Lexical Approach to Instructed Second Language Acquisition*. Palgrave Macmillan.

イティングで使うことで正確性・流暢性が上がるため、理解だけでなく、産出できるようになるまでトレーニングするのが理想的です。

定型表現を身につける上で最も重要なポイントは何でしょうか？　それは、「英語話者は文法と単語を自由に組み合わせて新しい文を常に生み出しているわけではなく、話し言葉や書き言葉の多くが実は定型表現で構成されている」ということに気づくことだと筆者は考えています。ここまで本書を読んだ方は、英語における定型表現の重要性は十分に認識していただけたでしょう。つまり、定型表現を身につける上での最重要課題はすでにクリアしています。

あとは、実行あるのみです。本章で紹介した教材・ツール・学習法を活用して、多くの定型表現を身につけましょう。「英文法と単語を一生懸命勉強してきたけれど、英語が思うように使いこなせない」という方は、定型表現を身につけることで、英語力を飛躍的に高められるでしょう。

第1章で述べた通り、定型表現が多く使用される背景には、コミュニケーションに支障がない限り、できるだけ努力を最小化するという「最小努力の原理」(principle of least effort) があります。一見回り道に思えるかもしれませんが、定型表現を身につけることで、長い目で見ると多くの労力が節約できます。定型表現を学ぶことは、高度な英語運用力を身につけるための一番の近道と言っても過言ではないでしょう。

おわりに

　講談社現代新書とのお付き合いは、2002年に遡ります。当時、立教大学文学部英米文学科を卒業したばかりであった私は、大学時代の恩師である鳥飼玖美子先生のご著書『TOEFL・TOEICと日本人の英語力』（講談社現代新書）に、「TOEFLライティング満点術」と題したコラムを掲載していただきました。

　大学を卒業したばかりで、右も左もわからなかった私の駄文を12ページにもわたり掲載下さった鳥飼先生と、当時の講談社現代新書編集部のご厚情には、なんとお礼を申し上げれば良いかわかりません。

　あれからちょうど20年の時を経て、同じ講談社現代新書から本書を刊行することができ、不思議なご縁を感じております。

　20年前には夢と希望にあふれていた私も、今ではすっかり白髪が増え、2度の転職（移籍）と2度の結婚を経験しました。この20年間、日本に帰りたくなかったニュージーランドでの5年間、東京に帰りたくて仕方なかった大阪での4年間など、色々ありましたが、私は元気です。

＊＊＊＊＊

　本書を執筆するにあたり、多くの方にアドバイスをいただきました。2022年度の春学期に立教大学異文化コミュニケーション学部で私の専門演習（ゼミ）を履修していた皆さんには、本書の草稿に関して貴重な

ご意見をいただきました。ありがとうございます。

　また、2022年度春学期に立教大学大学院異文化コミュニケーション研究科で担当した「言語教育研究特殊講義A」では、一学期間にわたり定型表現に関する様々な文献を読み、本書の草稿についても議論しました。同科目を履修（あるいは聴講）してくれた海津泰雅さん、相馬紗也音さん、相澤彩子さん、美濃部未知さん、全嘉楽さんにも、お礼を申し上げます。

　さらに、立教大学大学院異文化コミュニケーション研究科に在籍中のバージ・ダーシーさんには、本書の英文を校閲していただきました。ありがとうございました。

　最後に、本書を執筆する機会をくださり、編集の労をおとりくださった講談社現代新書の佐藤慶一氏にお礼申し上げます。

2022年8月8日
中田達也

講談社現代新書　2672

英語は決まり文句が8割
今日から役立つ「定型表現」学習法

2022年8月20日第1刷発行　2022年9月2日第2刷発行

著　者　中田達也　©Tatsuya Nakata 2022

発行者　鈴木章一

発行所　株式会社講談社
　　　　東京都文京区音羽 2-12-21　郵便番号 112-8001

電　話　03-5395-3521　編集(現代新書)
　　　　03-5395-4415　販売
　　　　03-5395-3615　業務

装幀者　中島英樹／中島デザイン

印刷所　株式会社ＫＰＳプロダクツ

製本所　株式会社国宝社

定価はカバーに表示してあります　Printed in Japan

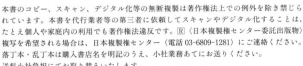
N.D.C.830　237p　18cm
ISBN978-4-06-529346-1

「講談社現代新書」の刊行にあたって

教養は万人が身をもって養い創造すべきものであって、一部の専門家の占有物として、ただ一方的に人々の手もとに配布され伝達されうるものではありません。

しかし、不幸にしてわが国の現状では、教養の重要な養いとなるべき書物は、ほとんど講壇からの天下りや単なる解説に終始し、知識技術を真剣に希求する青少年・学生・一般民衆の根本的な疑問や興味は、けっして十分に答えられ、解きほぐされ、手引きされることがありません。万人の内奥から発した真正の教養への芽ばえが、こうして放置され、むなしく滅びさる運命にゆだねられているのです。

このことは、中・高校だけで教育をおわる人々の成長をはばんでいるだけでなく、大学に進んだり、インテリと目されたりする人々の精神力の健康さえもむしばみ、わが国の文化の実質をまことに脆弱なものにしています。単なる博識以上の根強い思索力・判断力、および確かな技術にささえられた教養を必要とする日本の将来にとって、これは真剣に憂慮されなければならない事態であるといわなければなりません。

わたしたちの「講談社現代新書」は、この事態の克服を意図して計画されたものです。これによってわたしたちは、講壇からの天下りでもなく、単なる解説書でもない、もっぱら万人の魂に生ずる初発的かつ根本的な問題をとらえ、掘り起こし、手引きし、しかも最新の知識への展望を万人に確立させる書物を、新しく世の中に送り出したいと念願しています。

わたしたちは、創業以来民衆を対象とする啓蒙の仕事に専心してきた講談社にとって、これこそもっともふさわしい課題であり、伝統ある出版社としての義務でもあると考えているのです。

一九六四年四月　　野間省一